ケアリスクマネジメント

実践ハンドブック

レジリエンスの概念による新たな方法論

照井 孫久 著

イーハトーブ福祉研究所・所長

株式会社 ワールドプランニング

はじめに

　高齢者等のケアにかかわる職場には，利用者の転倒や転落，誤嚥や誤飲，薬の誤配，褥瘡，感染症などのさまざまな事故や障害が発生する可能性が常に存在しています．ケアの現場では，そのようなさまざまな事故に対応するために，ヒヤリハット報告，および事故の原因の分析と対応策の検討，対応策の実践などによるいわゆる「リスクマネジメント」に取り組んできました．リスクマネジメントは，広い意味では「組織を指揮統制するための調整された活動」として理解されますが，より限定的な意味では，リスクの的確な把握と適切な対応，事故発生時の迅速，的確な対応によるダメージコントロールとしてとらえることができます．

　ケアの現場では，それぞれの事業所のおかれた状況の中で，介護事故を防ぐためのリスクマネジメントに取り組み，精一杯の努力をはらってきました．しかし，そのような取り組みの成果には限界があり，事故に対する効果的な対応モデルを提示するには至っていません．ときには，頻繁に発生する事故への対応に追われ，ケアの現場が「モグラたたき」のような状態に陥ってしまう危険性もあるように思われます．2002 年，リスクマネジメントの現状を改善することを目的に，厚生労働省の社会・援護局において，橋本泰子先生が座長となり検討を重ね「福祉サービスにおける危機管理（リスクマネジメント）に関する取り組み指針～利用者の笑顔と満足を求めて～」という冊子を公表しました．この冊子で示されていたリスクマネジメントの考え方は，「より質の高いサービスを提供することによって多くの事故が未然に回避できる」というクオリティ・インプルーブメントの考え方に基づくもので，当時としてはかなり斬新なものでした．そのクオリティ・インプルーブメントの手法を採用して，一定の成果を上げることができた事業所もあったのではないかと思われます．かくいう私自身も「取り組み指針」に啓発されて，新たなリスクマネジメントの試みへ取り組んだことを記憶しています．とはいえ，多くの介護事業所にとっては，「クオリティ・インプルーブメント」の考え方は，事故発生とケアの質の関係が複雑かつ抽象的でわかりにくかったために一般には浸透しにくいという側面があったように思われます．

　その後，世界におけるリスクマネジメント研究が進み，その成果が日本のリスクマネジ

4

メント研究へ大きな影響を及ぼし，最新のリスク理論や人間工学分野の理論が実践に取り入れられるようになってきました．ケアにおける事故対応の問題と関連づけながら，いくつかの先行研究にあたる中で，とくに注意をひかれたのは，本文中でもふれている，デッカーによる事故に関するドミノモデルなどの問題についての指摘と，ホルナゲルによる「Safety-Ⅱ」についての提案でした．それらの理論は，ケアのリスクマネジメントに新たな可能性を切り開くものであるように思われました．そのため，関連する文献をさらに調べることと並行して複数のケアサービス事業所と共同研究や研修会を実施する中で，新たなケアリスクマネジメントのモデルを開発する試みに取り組んできました．

　本書は，以上のような経過を経て，最新のリスクマネジメントの理論とレジリエンスの概念を取り入れた新たなリスクマネジメントの方法論を展開しています．一部抽象的な理論も取り上げていますが，ケアの現場の現状を踏まえ，実践に役立てることを目指して内容を構成しました．

　多くのケアサービス事業所のケアワーカーからの情報や要望を取り入れた本書は，ケアの最前線で日夜悩んでいる，リスクマネジメント担当者の皆様のお役に立つことができるものと確信しております．

2021年3月

イーハトーブ福祉研究所

所長　照　井　孫　久

も く じ

第1章

ケアにおけるリスク

1. ケアリスクマネジメントの課題

　高齢者ケアの実践では，さまざまな危険な事態や事故の発生が予想される．たとえば，食事介助の際の誤飲，ベッドからの転落による骨折，排せつ介助や入浴介助の際のヒヤリハット，与薬の際のミスなど数え上げればきりがない．さらには，ケアワーカー自身も腰痛や感染症などの問題と向き合っていかなければならない．高齢者の介護や看護にかかわるケアの実践者は，利用者と職員との双方に重大な問題を引き起こす可能性のある事故や危険な事態の発生を防ぐために，さまざまな工夫や努力を積み重ねているが，十分な成果を上げることは非常にむずかしい．

　ケアにおける事故対応には，事故や危険な事態の発生を防ぐことが容易ではないという問題に加えて，次のような問題がある．それは，「ケアにおけるさまざまな危険性への対処を行っていくうえでは，利用者の安全を最優先しなければならない．しかし，時としてケアサービス利用者の安全は，ケア対象者の QOL（Quality of Life；生活の質）と対立することがあり，場合によってはケアの目的そのものと対立することもある」ということである．たとえば，足腰の弱った高齢者に転倒の危険があるという理由で「歩かせない」という対応策を採用するならば転倒の危険はなくなるが，その高齢者の QOL は急激に低下することになる．このようなケアの目的と危険性への対処の二律背反的な問題は，介護や看護に限らず，さまざまなところでみられる．高齢者ケア以外の場面でも，保育ケアの中で子どもが転んで膝をすりむく可能性があるという理由で，保育園内では「鬼ごっこ禁止」としたら，子どもたちの発達の課題はどのようになってしまうだろうか．

　このような“ケア”と“事故防止”に関して，①そもそも事故を防ぐことがむずかしい，②利用者の QOL と事故防止策の二律背反となる場合がある，という二つの要因が，ケアのリスクマネジメントを非常に困難なものにしている．ケアのリスクマネジメントに関連するこのような二つの問題が発生する背景には，「ケア概念のあいまいさ」と「リスク概念の多義性」という，より根本的な問題があると考えられる．そのため，リスク概念を整理するとともに，ケアのリスクに関するケアワーカーの意識について分析結果を提示する．

2．リスクについて

　一般的に，「リスク（risk）」は危機（crisis）や脅威（danger）などの危険な状態を表す言葉として使用される．しかし，そのような一面的な「リスク」という用語の使用では，適切なケアのためのリスクマネジメントを実践するには不十分であり，対応の方向性を誤らせてしまう可能性がある．この点について明確にするため，以下においては「リスク」という用語が歴史的にどのように用いられてきたかを概観する．

　ピーター・バーンスタインは『リスク；神々への反逆』という著書の中で，「リスク」という言葉はイタリア語の"riscare"に由来し，「勇気をもって試みる」という意味をもつとしている．そして，このような「リスク」の視点は「運命」というよりも意思決定としての「選択」と深くかかわることを示唆している．バーンスタインはリスクに関連する意思決定には，明確なデータに基づいて確率論的に意思決定できる場合と，将来が不確実な状況の中で意思決定しなければならない場合とがあるとしている[1]．これに対して，確率計算できない事象はリスクに含めるべきではないという議論もあるが，現状では確率計算できない事象もリスクとみなすことが一般的である．その後行われたリスクの定義に関するさまざまな議論を踏まえ，ISO/IEC GUIDE 73：2002 では，リスクを「事象の発生確率と事象の結果の組み合わせ」として定義し，「結果は好ましいものから，好ましくないものまで変動することがある」という解説を加えている．

　その後も，さまざまな国際機関や政府関係機関がリスクの定義を試みており，ISO 31000:2009 では「目的に対する不確かさの影響」というリスクの定義が示されている[2]．この定義は，リスクにおけるネガティブな側面とポジティブな側面の両方の可能性を有する不確実性（uncertainty）を認めるものとして理解することができる．

　本書においては ISO 31000：2009 のリスクの定義を採用し，ケアの「リスク」を利用者の安全安楽，QOL の向上などのポジティブな側面と，事故やインシデントなどネガティブな側面を含んだ状況を意味する用語として使用することとする．

3．ケアにおけるリスクのとらえ方

1）リスクについての 4 つのとらえ方

　ケアの実践は要介護高齢者や障害者などケアのニーズをもつ人々の QOL を支え，さらに，利用者家族の安心と生活を支えることを目的とする．しかし，そのようなケアの実践には，転倒，骨折，誤飲，誤薬，感染症といったさまざまな事故の可能性が潜んでいる．ISO 31000：2009 のリスクの定義が示すように，ケアの実践はポジティブな側面とネガティブな側面の両方を含んでいると考えられる．しかし，現実に目を向けると，ケアの実践に携わる職員のリスクについての理解は統一されておらず，むしろ，混乱している可能性が推測された．そのため，高齢者ケアにおける「リスクの意識」に関する調査[3]を実施し，

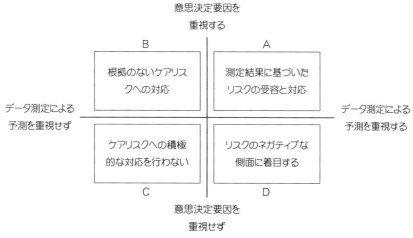

図1-1　ケアワーカーにおけるリスクの意識と対応

詳細な分析を行うことにより，以下の結果を得ることができた．

　高齢者ケアサービス事業の職員における，リスクについての意識と対応は図1-1に示すように，(A) 測定結果に基づいたリスクの受容と対応，(B) 根拠のないケアリスクへの対応，(C) ケアリスクへの積極的な対応を行わない，(D) リスクのネガティブな側面に着目する，という4つのタイプに分類することができた．以下ではこの4つのタイプの概要を説明するとともに，リスクマネジメントを実施していくうえでの留意点についてふれる．

　(A) 測定結果に基づいたリスクの受容と対応タイプ

　このタイプのケアワーカーは，ケアにおける事故やヒヤリハットの発生状況に関するデータを分析した結果に基づいてリスクへの対応を検討する．測定結果に基づいたリスクの予測は，あくまで確率的な予測であり，事故発生を100％予測するものではない．ケアにおける事故発生の予測は不確実なものであるが，そのような不確実性がケアのリスクの本質であるという点を再確認することにより，ケアのリスクに含まれる利用者のQOLの向上というポジティブな側面と，事故による怪我などのネガティブな側面という2つの側面に配慮することが可能になる．したがって，このタイプでは，リスクマネジメントへの取り組みの中でケアにおける事故発生の抑制とケアの質の向上という2つの課題を追求することが可能となる．

　(B) 根拠のないケアリスクへの対応タイプ

　このタイプのケアワーカーは，事故やヒヤリハットの発生メカニズムを検討することなくリスクに対応しようとする傾向が強い．その対応は利用者の安全を最大限配慮したものであっても客観的なデータに基づいておらず，思いつきである可能性が高い．思いつきで始めたリスクマネジメントは，偶然効果を上げる場合もあるが，多くの場合は有効ではない．ケアのリスクに対する根拠のない主観的な対応だけでは，リスクマネジメントの側面からもケアの質の向上の側面からも，有意な成果を示すことはむずかしいと考えられる．

（C）ケアリスクへの積極的な対応を行わないタイプ

このタイプのケアワーカーは，リスクに関する調査やデータ収集をまったく行わず，積極的な対応をとることもない．確かに，リスクマネジメントに真剣に取り組んだとしてもすぐに効果が表れることがないのと同様に，ケアリスクへの積極的な対応を行わないからといって，多数の事故が発生することにはならない．また，毎日転倒による骨折事故が発生するわけではなく，毎日誤飲で救急車を呼ぶことにもならない．しかし，このようなリスクへの対応は，事故発生の可能性を高め，結果として，ケアの質の低下やケアワーカーのモラール（士気）の低下を引き起こす可能性が高い．

（D）リスクのネガティブな側面に着目するタイプ

このタイプのケアワーカーは，ケアにおけるさまざまな事故の発生というデメリットの側面だけに注目する．その結果，事故の発生を防ぐために，利用者の QOL を犠牲にすることもやむを得ないと考える傾向が強くなる．具体的には，認知症高齢者の徘徊に伴う転倒骨折を防ぐために，睡眠導入剤による抑制を継続するような例を挙げることができる．しかし，そのような対応は，ケア本来の目的と相反するものであり，許されるものではない．ケアにおけるリスクのネガティブな側面だけを強調しすぎると，そのような否定的な対応をとる傾向が強くならざるを得なくなる．ケアにおけるネガティブな側面への着目は，事故の抑制に一定の効果があるかもしれないが，ケアの質を低下させる可能性が高くなる点にも注意する必要がある．

2）リスク理解における4タイプの留意点

ケア実践の現場の中に，上記4つのタイプのリスクに関するとらえ方が存在するため，ケアサービス事業所の中でリスクマネジメントの方針を決める際に混乱が生じることになる．リスクに関するケアワーカーの意識を統一し，効果的なリスクマネジメントを実践していくためには，それぞれのタイプの次のような点について留意していく必要があると考えられる．

（A）測定結果に基づいたリスクの受容と対応タイプ

このタイプは，リスクマネジメントへの取り組みの成果を上げることが4つのリスク理解のタイプの中でもっとも容易である．ただし，取り組みの効果を上げるためには，事故やヒヤリハットのデータを蓄積し，分析するノウハウを高めていく必要がある．

（B）根拠のないケアリスクへの対応タイプ

このタイプは，利用者の安全・安楽へ配慮する意識は高いと思われるが，根拠のない思いつきでリスクへの対応を行っても成果は出にくい．このタイプでも，事故やヒヤリハットのデータを収集し分析することが求められるが，とくに，事故の発生後にさまざまな角度から事故の原因分析を試み，その結果に基づいた対応策を検討することが重要である．

（C）ケアリスクへの積極的な対応を行わないタイプ

このタイプは，事故が発生するたび，事後対応を求められることになる．最悪の場合，事故が頻発して「モグラたたき」のような状態が発生してしまう可能性がある．このタイ

プでは，まず「ケアにおいては事故の発生は避けられない」という事実に目を向ける必要がある．そのうえで，事故報告やヒヤリハット報告の実践強化に取り組むとともに，原因分析と対応方法を学んでいく必要がある．

　（D）リスクのネガティブな側面に着目するタイプ

　このタイプは，事故から生じるネガティブな結果に注意が向けられており，ケア本来の目的を見失ってしまう可能性がある．われわれの日常生活はリスクに満ちており，リスクから逃れられないことを理解する必要がある．さまざまな事故が起こる可能性を受容したうえで，事故報告やヒヤリハット報告を分析し，その結果に基づいて事故予防のための適切な対応策を検討していく必要がある．

　リスク概念については，次章でも詳しく述べるが，ケアとリスクの問題を検討していくうえでは，バーンスタインが示したように，ケアにおける「リスク」は，困難な「運命」というよりは，ケアにかかわる人々の「意思決定」と「選択」の問題という点を強調する必要があると考えられる．

【引用・参考文献】
 1）ピーター・バーンスタイン（青山　護訳）：リスク（上）；神々への反逆．16-82, 日本経済新聞出版，東京（2001）
 2）日本規格協会編：対訳 ISO 310000：2009（JID Q 310000:2010）；リスクマネジメントの国際規格．36-39,
　　日本規格協会，東京（2010）．
 3）照井孫久：リスクマネジメントの前提としてのリスク概念の考察．石巻専修大学研究紀要，27:51-52（2016）.

第2章

基本的な用語と概念

1．基本的な用語の整理

　リスクマネジメントの問題を取り上げている書籍では，「事故」に関連して「ハザード」「クライシス」「ペリル」など専門的な用語が使われることが多く，それら用語の意味を理解しておく必要があるため，一般的に使用される用語について簡単に説明する．

1）ハザード（潜在的な危害の源）

　ハザードは潜在的リスク要因ともよばれ，好ましくない影響をもたらす要因を指す．この要因は，物としてとらえることも，状態としてとらえることもできる．たとえば，塩素はハザードとして理解することができ，容器に入っている限りは安全であるが，空気中に散布されると人命にかかわる悪影響を及ぼす可能性がある．水は一般にはハザードとみなさないが，池の水は溺れることがあり，熱した水はやけどの原因となり得る [1-3]．人が生きていくうえで絶対に必要な酸素でさえも，過剰に投与すると意識障害を引き起こすハザードとなり得る．多くの物質や物事はその状況により，ハザードとなり得る可能性を秘めていることを理解しておく必要がある．

2）クライシス（危機）

　クライシスの日本語は「危機」であり，事故が発生する危険性を表す言葉として理解されているが，本来のクライシスは「危険と好機」が合わさった状態を意味する言葉である．英語の"crisis"は「よい状態または悪い状態に変わる転換点」としての「岐路」という意味も含んでいる．しかし，一般的な危機管理の分野では，「クライシス」とは「意思決定集団の最優先目標を脅かし，意思決定が策定される前に対処時間を制限し，発生によって意思決定集団のメンバーを脅かすもの」として定義されている [4]．つまり，リスクよりも脅威が間近に迫った状態を表しているものと理解することができる [5] と考えられる．

3）ペリル（事故発生）

　ペリルとは損失を引き起こす可能性のある事故や事象を指し，損害発生の直接の原因を指す概念である [1]．つまり，ペリルは事故そのものとしてとらえることができる．ペリルとハザードの違いを具体的な例で示すと，交通事故の原因となり得る凍結道路はハザード，

18

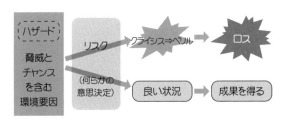

図 2-1　リスクマネジメントに関連する用語の関係

自動車の衝突はペリルということができる[6].

4）ロス（損失）

　ロスは脅威が顕在化した際に発生するもので，事故によって引き起こされる損害を意味する．ロスは通常，金銭面の損失や障害の発生として評価されることが多い．しかし，ケアのリスクマネジメントでは，ロスは金銭の損失や身体的な障害に関する評価だけではなく，利用者の心身の機能の低下やQOL（Quality of Life；生活の質）の低下として評価される必要がある．ロスは，損害や機能低下が発生する「頻度」と「強度（その悪影響の大きさ）」という2つの側面からもとらえることができる．

2．リスクの定義

　リスクの定義は，ISO 31000（2.1 risk）では"effect of uncertainty on objectives"とされており，これは「目的に対する不確かさの影響」と訳される．

　この定義は，リスクとは，ある目的をもった行為が行われる際に生じており，その行為が"好ましい結果"を生み出すか"好ましくない結果"を生み出すかという点についての"不確かさ"を意味すると理解することができる．

　以上のようなリスクマネジメントの定義，および関連する用語の関係は図2-1のようになる．われわれの生活環境の中には，好ましくない状態を発生させる"脅威"と成果を得ることができる"チャンス"の両方が含まれている．環境の中で脅威の直接の原因となりそうな要因はハザードと呼ばれる．このような環境の中で組織または個人が，なにか意思決定を行うことによりリスクが発生する．ケアの場面に即して考えると，ケアサービス事業所とケアワーカーが何らかのケアを実行することを意思決定した時点でリスク（脅威とチャンス）が発生することを意味する．

　リスクは「クライシス・ペリル」の可能性と「良い状況」が生まれる可能性という2つの可能性の分かれ道となる．時間の経過とともに，リスクは「クライシス・ペリル」の方向性，または「良い状況」の方向性へと分岐していく．最終的に「クライシス・ペリル」は「ロス」へつながり，「良い状況」は何らかの「成果を得る」結果へとつながっていく．

図 2-2　ケアリスクマネジメントの 2 つの目的

3．リスクマネジメントの定義

　ISO 31000：2009 の 2.2「リスクマネジメント」では，リスクマネジメントを「リスクについて，組織を指揮統制するための調整された活動（risk management=coordinated activities to direct and control an organization with regard to risk）」と定義している．

　したがって，リスクマネジメントはリスクへ対応するために組織を指揮統制する活動であり，リスクマネジメントの方針はリスクに関する組織全体の意図および方向性にかかわることになる．リスクマネジメントの実践は，組織全体を統制し調整するために，運営方針の中に正式に組み入れられるとともに，組織の管理運営の中で明確に位置づけられる必要がある．

4．リスクマネジメント実践の目的

1）ケアリスクマネジメントの目的

　リスクマネジメントの第一義的な目的は，好ましい結果と好ましくない結果という両方の可能性を含んでいるリスクをコントロールし，事故とその結果生じるさまざまな不都合を減少させることである．そして，このリスクマネジメントの目的は，組織内の問題と組織外の問題とに分けて考えることができる（図 2-2）．組織内の要因に関係するリスクマネジメントの目的では，組織ガバナンスの確立や職員の資質の向上，サービスの質の向上など，経営資源の新たな可能性を探り，さまざまな問題への対応力を強化するチャンスとしてとらえることができる．これに対して，組織外の要因に関係するリスクマネジメントの目的には，サービス利用者や家族満足度の向上，関係機関や地域住民による事業所の社会的評価の向上などが含まれる．リスクマネジメントは，組織運営の一環として実践され

表 2-1　事故の発生確率と影響の大小

← 小　　　　　　　　　　事故の発生確率　　　　　　　　大 →		
(4) リスク移転（分散） ・利用者の転倒・転落による障害へ対応するための保険金による対応など	(1) リスク回避 ・感染症への罹患を防止するために，外部からの面接を禁止する ・リスク回避は新たなリスクを発生させる（上の例では，利用者の QOL の低下など）	↑ 大 事故による影響
(3) リスク保有 ・リスクによる影響が重大なものではないという判断のもとで，対応策を講じない	(2) リスク最適化（リスク軽減） ・リスクマネジメントへの取り組み ・リスクアセスメント，要因分析，プランニング，対応実践，モニタリング，評価	小 ↓

るものであり，事故を減らすことにより利用者や家族の満足度を高めると同時に，経営資源の強化につながる可能性を秘めていることを忘れてはならない.

2）リスクマネジメントに期待される補足的な効果

　リスクマネジメントへの取り組みの意義は，主に事故を減らすことにより利用者の満足度を高めることにあると考えられるが，それ以外にもいくつかの成果が期待できる. たとえば，リスクマネジメントに取り組み成果を上げる中で，職員の問題解決能力が養われ，組織力が強化される可能性がある. このような組織の成長は，PDCA（Plan（計画）・Do（実行）・Check（評価）・Action（改善））プロセスの強化とも密接に関連しており，組織の機能アップに結びついていくと考えられる. リスクマネジメントのプロセスを効果的に活用することにより，職員間のコミュニケーションを活性化し，チームワークの強化にも役立てていくことが可能である.

　実際のリスクマネジメントで，取り組みの中核となるリスクマネジャーは，さまざまな課題に取り組み，1つひとつ問題を解決していくことが求められる. このプロセスは担当者の課題分析と対応能力，リーダーシップを強化するとともに，組織における中核的職員の育成につながっていくことが期待される.

5．リスクへの対処方法

　リスクへの対応の方法には，(1) リスクの回避，(2) リスクの最適化，(3) リスクの保有，(4) リスクの移転がある. 表 2-1 に示すように，リスクの発生確率と，リスクによって生じる悪影響の大きさにより，とるべき対応方法が異なる. また，以下に示すように，それぞれの対応方法にはメリットとデメリットがある（表 2-2）.

1）リスクの回避

　リスクの回避は，主に事故の発生確率が高く事故によって生じる悪影響が大きい場合に採用される. 基本的には，リスクにかかわる行為を止めるという単純な行動であり，回避

表2-2　リスクへの対応方法のメリットとデメリット

	有利な点	考慮すべき点
回避	事業活動を止めるという単純な行動であり，回避したリスクは確実に消失する.	新事業回避などは，企業成長や利益向上が望めず，縮小均衡になる．回避は新たなリスクを生む.
軽減	事業所独自の取り組みが可能．蓄積された知恵や経験を生かすことができる．職員のコミットメントを引き出すことができる.	大震災などの予知不能な出来事や，未経験な出来事に対しての有効性は低い.
移転	事故が発生しても，自己負担をなくしたり，少なくしたりできる.	リスクにかかわる環境が悪いと費用負担が高くなる．保険の場合対象が限定されており，すべてのリスクに対応できない.
保有	特別な対策をしない.	事故発生時の負担が高くなる.

したリスクは確実に消失する．しかしこの対応は，本来期待されていた利益がいっさい望めなくなることを意味する．たとえば，インフルエンザを防止するために，外部からの面接を禁止するような場合が挙げられる．この例では，利用者のQOLの低下を招くという，新たなリスクを発生させる可能性がある.

2）リスクの最適化（軽減）

リスクの最適化は，事故の発生確率は高いが，影響の度合いが相対的に低いと判断される場合に採用されることが多い.

一般的なリスクマネジメントへの取り組みがこの対応に含まれる．リスクアセスメント，要因分析，プランニング，対応実践，モニタリング，評価のプロセスを適切に行うことにより，リスクの軽減を目指す．この対応では事業所独自の取り組みが可能であり，それまでに蓄積された知恵や経験を生かすことができる．リスクの最適化を目指す取り組みの中で職員のコミットメントを引き出し，組織の体制強化の契機とすることができる．しかし，大震災などの予知不能な出来事や，職員が未経験な事態に対しての有効性は低い.

3）リスク移転（分散）

リスクの移転は，事故が発生しても，自己負担をなくしたり少なくしたりすることを目指す．このような対応には，事前に保険に加入し，事故が発生した場合には保険金で対応するような場合が含まれる．保険対応では，リスクにかかわる環境が悪いと費用負担が高くなる．また，一般的な保険では事故が発生した場合の補償の対象が限定されており，すべてのリスクに対応できないという問題がある.

4）リスクの保有

リスクの保有は，事故の発生確率が低く，かつ，リスクによる影響が重大なものではないという判断の下で採用される対応である．基本的には何の対応策も行わず，リスクをそのままにしておく．リスクへの対応を行わないためコストはかからないが，万が一事故が発生した場合には負担が高くなる可能性がある.

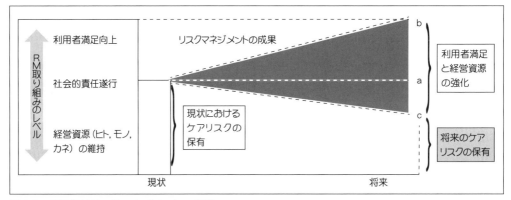

図 2-3　効果的なリスクマネジメントの実践

6．ケアサービス事業所におけるリスクマネジメントの位置づけ

1）リスクマネジメントの実践レベルとリスクの保有

　一般企業におけるリスクマネジメントでは，リスクによる影響を現在および将来の収入や利益に還元して金銭ベースで計算することができる．これに対して，福祉サービスやケアサービスでは，金銭ベースに換算しにくい要素が多数存在する．たとえば，利用者のQOLやサービス満足度，職員のモラール（士気）などは，短期的には経営上の収益として現れにくい．そのため，ケアサービス提供事業所における経営的損益の視点からリスクマネジメントを評価することは非常にむずかしい．

　リスクマネジメント評価がむずかしいことに加えて，リスクマネジメント実践はマンパワーの面で多くの時間を必要とするため，経営面からはリスクを保有すべきか，または回避，軽減，移転のいずれの対応策を採用するのがよいか非常に悩ましい問題となってしまう．この問題に対応するために，リスクマネジメントへの取り組みのレベルを「経営資源（ヒト・モノ・カネ）の維持」「社会的責任の遂行」「利用者満足の向上」の３つのレベルに設定してリスク保有の状況についてシミュレーションを試みる．以下に示すように，(1) ケアサービス事業所において効果的なリスクマネジメントに取り組んだ場合，(2) ケアサービス事業所において不適切なリスクマネジメントを実施した場合，(3) ケアサービス事業所においてリスク回避を行った場合という３つのケースにおけるリスクの状況について検討する．

　(1) 効果的なリスクマネジメントに取り組んだ場合

　リスクマネジメントへの取り組みのレベルは，①ヒト・モノ・カネの経営資源を確保するための最低限の取り組み，②コンプライアンスと社会的な責任を果たすことができるレベルの取り組み，③利用者のQOLや満足度を最大限支えることができる取り組み，の３つのレベルでとらえることができる．仮に，現状は図 2-3 に示す２段階目の②コンプライアンスと社会的な責任を果たすことができるレベル a であったとする．この現状のレベ

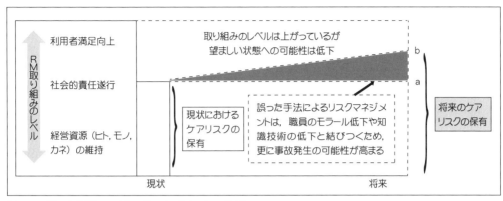

図2-4　誤った手法でのリスクマネジメントの実践

ルからスタートして，③利用者のQOLや満足度を最大限支えることができる取り組みを
目指してリスクマネジメントの成果を着実に上げていくならば，将来は取り組みレベルが
aのレベルからbのレベルへ上昇することが予想される．リスクマネジメントの成果が上
がるに伴い経営資源が強化されるため，将来のリスク保有は着実にレベルcへ減少するこ
とになる．

　ケアサービスの現場でさまざまなリスクに対応するため，効果を意識したリスクマネジ
メントに取り組むことにより，①事故発生率の低下とサービスの質向上による利用者満足，
②組織ガバナンスの確立，職員の資質の向上，職員の知識技術の向上などの経営資源の獲
得と強化，が期待される．効果的なリスクマネジメントの実践は事故発生率を一定程度低
下させるが，リスクが完全になくなるわけではなく，現状で保有されているリスクの大部
分は将来も保有し続けることになる．

　(2) 不適切なリスクマネジメントを実施した場合

　ケアの現場では，一生懸命リスクマネジメントに取り組んでいるが，なぜか事故の発生
件数が減らず，職員が疲弊していく場合がある．このような状況は，誤ったリスクマネジ
メントの手法が用いられている場合に生じる．図2-4では，現状におけるリスクの保有が
aのレベルであるのに対して，誤った手法では経営資源の強化につながらないために，将
来のリスクの保有がbのレベルへ上昇する可能性を示している．ケアの現場では，さまざ
まな工夫をしながらリスクマネジメントへの取り組みを実践しているにもかかわらず，事
故の発生率は減らずむしろ増加していくという可能性も存在する．

　取り組みのレベルが，いっけん上がっているようにみえるにもかかわらず，その成果が
マイナスの方向で現れるのは，誤った手法によるリスクマネジメントが職員のモラール低
下や知識技術の低下を生じさせ，事故発生の可能性が高まるものと考えられる．そのよう
な誤ったリスクマネジメントの典型的な例としては，次のようなものが考えられる．

＜誤った手法によるリスクマネジメントの例＞

　・事故が発生した際に現状を十分に調査せず，事故にかかわった職員に事故報告書を提

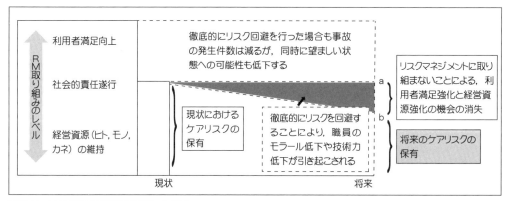

図 2-5　リスクを徹底的に回避した場合

出させ，個人的なエラーとして処理する.
- 事故の背景には業務体制の不備，指示命令系統の乱れ，研修体制の不足等があるにも かかわらず，それらの背景にいっさい目を向けず，個人の責任を追及しようとする.
- 事故発生後に関係者が協議し，いくつかの事故防止の対応策を検討するが，その対応 策が実施されることはない. そのように，職員の真剣な話し合いの成果が生かされる ことがない場合，職員のモラールは低下することが予測される.
- 事故発生後，関係者だけで処理し，可能な限り事故の内容を表に出さないようにする. そのような隠ぺい体質がある組織では，業務全体の質が低下し，事故が増加していく ことが予想される.

　不適切なリスクマネジメントは職員の知識・技術やモラールを低下させるだけでなく， 事故発生の可能性を増大させるという点に留意する必要がある. また，本来，事故が発生 した場合には，全職員が情報共有し対応策の検討を行い，さらに全員でその対応策・共通 の目標に向かって取り組む中で，組織の力を強化していく必要があると考えられる.

（3）リスク回避を行った場合

　ケアサービス事業所で徹底的にリスク回避を行った場合，事故の発生率は低下する可能 性が高い. リスク回避には，事故を起こす可能性の高い利用者は受け入れない，認知症に よる危険行動が予測される利用者は睡眠薬等で抑制してしまうという対応などが含まれ る. これらの対応は決して望ましいものではないが，リスクを徹底的に回避すると，事故 の発生率は間違いなく減少する（図 2-5）.

　しかし，ケア事業所における事故の発生率が減少するからといって，その事業所に問題が なくなるかというと，決してそのようなことはない. その理由は，組織内，組織外の環境要 因が必ず変化していくという点から説明することができる. リスクマネジメントへの取り組 みを行っても，行わなくても，組織内外のさまざまな環境要素が変化していく. たとえば， ベテラン職員の退職と新規の職員採用，利用者の心身の機能低下，利用者の家族や地域住民 など地域社会の評価などは，年々着実に変化していく. そのような環境変化の中でリスクに

積極的に対処しない場合，事業所の職員はさまざまな状況の変化に対応するための能力を鍛える機会を失っているために，組織全体の機能が相対的に低下していく可能性が高くなる．

　また，組織の機能が低下し，関係者全員が低いレベルでのケアサービスの質で満足してしまった場合，ケアの質が低下し利用者満足と社会的評価の低下につながる可能性が高くなる．リスクマネジメントへの取り組みをいっさい行わないということは，利用者満足強化と経営資源強化の機会の消失を意味する．以上のような場合，ケアサービスにおけるリスクは一時的に低下するが，事業所の存続という意味でのリスクは増大する可能性がある．

2）事故発生と責任の有無

　ケアの中で事故が発生してしまった場合，事故発生の原因を探り，関係者の責任を明らかにすることはリスクマネジメントの重要な役割のひとつである．第 4 章において事故の原因分析の手法である SHELL 分析や RCA 分析の中で詳述するが，実際の事故の原因を調べてみると，事故の原因が一つである可能性は低いといえる．したがって，事故発生の責任も広範な関係者に及ぶことが多い．たとえば，職員の"うっかりミス"が直接の事故原因であったとしても，その背景にはマニュアルの不備，教育訓練の不備，職員間の情報共有や協力体制の不足など，さまざまな要因が存在することが多い．そのため，だれか 1人に事故の原因を押しつけるのではなく，事業所全体としての責任の所在を明らかにし，問題点の修正に取り組んでいく必要がある．

　ケアにおける事故に対する法的な責任については，次のように考えることができる．ケアサービス事業所で起きる事故は，事業所側に一定の責任が発生するが，すべての事故に対して法的な責任が問われるわけではない．たとえば，個人の犯罪行為の有無を問う刑法と，個人間の紛争に適用される民法とでは適応の範囲が異なる．また，民法では故意または過失により他者の利益を侵害した場合は損害賠償の責任が発生することになるが，無過失であっても責任が問われる場合もあるため，法的な責任論については，別途整理しておく必要がある．

　法的な問題について誤った対応を避けるためには，法律事務所等と顧問契約を結んで適切なアドバイスを得ながら対応していくことが望ましいが，費用等の問題からそれが困難な場合は，職員自身が判例などを学ぶとともに，何らかの法的なアドバイスを得ることができる機関や相談のルートを確保しておく必要がある．

　リスクマネジメントと法的な責任に関しては，以下の点に留意する必要がある（表 2-3）．

　法的な責任について判断する場合，一般的には，①事故の発生が想定可能か否か，②事故の発生時コントロールが可能か否か，という点が問題となる．①の問題については，たとえば，一般的な介護事故はコントロールが可能であっても，不可能であっても，リスクマネジメントの対象となる．そして，コントロール可能であっても，不可能であっても，その事故の内容と状況に応じて責任が発生する場合と発生しない場合とがある．ここで，「コントロール可能」例としては施設内の出火や不注意による交通事故などが，「コントロール不可能」例としては地震や風水害などを挙げることができるが，これらの区別はあくまで相対的なのものである点に留意する必要がある．

表 2-3　リスクの想定とコントロールの可能性

	コントロール可 （施設内の出火や，地震 による建物の倒壊など）	コントロール不可 （地震発生や，風水害の発 生など）	
想 定 内 ・事前に一定度の予測が 可能	責任あり	責任あり	｝リスクマネジメント の対象
	責任なし	責任なし	
想 定 外 ・バスハイクの途中でバス ジャックに遭遇した場合等	責任あり	責任あり	｝リスクマネジメント の対象外
	責任なし	責任なし	

　想定外の事象については，原則的にリスクマネジメントの対象外となる．想定外の事象とは，事前に事故の発生を予測することができない事象のことで，少し極端な例を挙げると，利用者とバスハイキングを行っているときに突然バスジャックに遭遇してしまったという例などが考えられる．想定内と想定外の区別は相対的なものであり，想定外でコントロール不可能な事象であっても，責任を問われる可能性がまったくないわけではない点に留意しておく必要がある．また，ケアにおける事故の責任は，法的な責任だけではない．社会的にみた場合，道義的な責任や社会的な責任という面からも，さまざまな責任を問われる可能性があることをケアの関係者は十分に理解しておかなければならない．

7．リスクマネジメントの対象とリスク要因

1）リスクマネジメントの対象
　リスクマネジメントの対象には，すべてのリスク要因が含まれる．ケアの場面でよく挙げられるリスク要因には，職員の知識や技術，マニュアルの内容とマニュアルの遵守状況，組織体制およびケアワーカーの業務配置，施設設備や介護機材の状況，職員の研修システムなどが含まれる．リスクマネジメントの対象には，実際に事故が発生した場合，直接事故にかかわった利用者や職員以外に，利用者の家族，地域住民，地域の関係機関や組織も含まれる．基本的には，事故と関係するすべての人や物，組織や制度がリスクマネジメントの対象となる．

2）リスク要因
　リスク要因とは，事故発生の原因となり得る物や状況，および物や状況の組み合わせなどを意味する．リスク要因は一般的にはハザードとして理解される．
　リスクマネジメントにおけるリスクアセスメントでは，リスク要因の明確化に取り組むことになる．リスクアセスメントのプロセスでは，事故の原因となる可能性のあるさまざまな要因について思いつく限り列記し，それぞれの要因の現状や危険性を調べるが，その方法では非常に多くの時間と手間がかかることになる．そのため，実際の取り組みでは，ヒヤリハットや事故報告を分析して事故に関連する要因を割り出すという手法をとることが多い．リスクアセスメントの結果を整理し，リスク要因を明らかにした後，事故の発生

を防ぐための方策，万一事故が発生した際にダメージを最小限に抑える方策を検討し，その後，対応策の実践に移される．

　ここで注意しなければならないことは，リスク要因への対応が常にリスクマネジメントの対応策となるわけではないということである．たとえば，地震への対応のための避難路の検討というリスクマネジメントの取り組みは，地震という事象に対する対応ではなく，地震によって引き起こされる怪我や死亡などの人的な損害への対応策である．同様に，認知症が事故を引き起こす要因として考えられる場合，認知症という要因へ直接働きかけるのではなく，認知症のさまざまな症状に対応するケアのあり方が問題となることを理解しなければならない．この点について補足するならば，リスクマネジメントの中で，認知症高齢者の存在を否定するようなことがあってはならないのである．

　リスク要因を理解しても，それだけではリスクマネジメントの実践に結びつかない場合がある．ヒヤリハットや事故報告書の分析が，必ずしも事故の防止に結びつかない理由はその点にあることが推測される．リスクマネジメントの中でリスク要因を分析し，リスクへの対応を行っていくうえでは，単にリスク要因を明らかにするだけではなく，いくつかの要因間の関係性，事故発生の頻度や事故発生が引き起こすマイナスの影響の度合い等についても検討する必要がある．

　リスク要因の理解においては，リスクに関連するさまざまな事象をシステマティックに理解する必要がある．

3）リスクの予測

　一般的にリスクの予測とは，リスクマネジメントの対象となる事象における事故発生可能性を予測することを意味する．しかし本書では，リスクが望ましい方向へ向かうか望ましくない方向へ向かうか，両方の可能性を秘めた状態という意味でとらえているため，単に選択の結果予測されるネガティブな側面だけに焦点をあてることはしない．そのため，本書の"リスクの予測"では，何らかの選択をした結果生じる，①対象の事故発生頻度を予測，②リスク要因が事故発生に与える影響の予測，③事故が発生した場合の損失の予測，のほかに④選択の結果期待できるメリットの予測，を加えておくこととする．このようなリスクの予測は，リスク要因に関係する行為を選択した場合の結果と，選択しなかった場合の結果の双方について検討するということを意味する．

　このようなリスクの予測の考え方は，リスクのネガティブな側面だけに注意を集中することによって，ケアが目指すポジティブな可能性を忘れてしまわないようにするうえで，非常に重要な意味をもつ．

8．リスクマネジメントにおける対応策の検討

　以下において，これまで説明してきた「リスクマネジメントの対象」「リスク要因」「リスクの予測」がリスクマネジメントにおける対応策の検討においてどのような意味をもつ

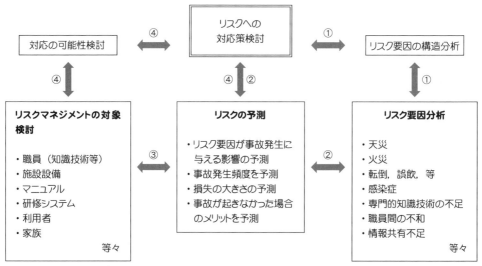

図 2-6　リスクマネジメントの構成要素

のかという点について図 2-6 をもとに説明をする.

　本来，図 2-6 における「リスクマネジメントの対象」は「リスク要因」に含まれるが，この図では，「リスクマネジメントの対象」をリスクマネジメントの中で具体的に働きかけることが可能な要因として示している．たとえば，リスクの要因として地震や津波などの「天災」を挙げているが，これらのリスクを構成する要因は，ケアワーカーが直接マネジメントできるものではない．ケアワーカーが直接かかわることができる対象は，災害が発生した際の職員の対応方法であり，設備や備品の点検であり，地域住民との連携のための話し合いなどである．このように，すべてのリスク要因に対してリスクマネジメントの取り組みを行うことができるわけではないため，図 2-6 ではリスク要因のうち，対処可能な要因を「リスクマネジメントの対象」として別に示している.

　ケアのリスクマネジメントにおいては，はじめに事業所内のリスクについてアセスメントを行い，リスク要因を探し出す．このアセスメントの作業は，リスクマネジメント委員会でのリスク要因の確認や，ヒヤリハット・事故報告の分析により行われる．リスクアセスメントの結果明らかになったリスク要因については，①それぞれの要因がどのような状態にあるときにネガティブな結果を生じさせることになるのか，また，リスク要因間にはどのような関係があるのかという点についての分析を行う．さらに，リスク要因間には複雑な相互関係が存在するため，リスク要因同士の関係について分析を行う．次の段階では，②リスク要因が事故発生に与える影響，事故が発生する可能性（頻度），事故が発生した場合の損失の大きさ，事故が起きなかった場合のメリット，についての予測を行う．続いて，③リスク要因のうち，具体的にリスクマネジメントの取り組みを行うことができる要因を明らかにする．最終的に，④職員（知識や技術など），施設の設備備品，マニュアル，研修システム，利用者，家族，等に対する具体的なリスクへの対応策を検討する.

【引用・参考文献】
1) 野口和彦：リスクマネジメント；目標達成を支援するマネジメント技術．30，日本規格協会，東京（2009）．
2) ナンシー・G・レブソン，セーフウェア；安全・安心なシステムとソフトウェアを目指して．170，翔泳社，東京（2009）．
3) 榎本　徹：意思決定のためのリスクマネジメント．146，オーム社，東京（2011）．
4) インターリスク総研・小林誠，『初心者のためのりすくマネジメント Q&A100』，日刊工業新聞，2011，p.5
5) 野口和彦：リスクマネジメント；目標達成を支援するマネジメント技術．31，日本規格協会，東京（2009）．
6) 南方哲也：リスクマネジメントの基礎理論．21，晃洋書房，京都（1993）．

第3章

リスクマネジメントにおける事故の位置づけ

1．事故のモデル

　介護や看護の仕事の中で発生する事故は，決して望ましいとはいえないさまざまな影響を及ぼす．事故は利用者の QOL（Quality of Life；生活の質）を低下させ，苦痛や不快な思いを強いるだけでなく，利用者家族の不満や怒りの原因ともなる．そのような事故の結果は利用者や家族を苦しめるだけでなく，事業所や職員の社会的な評価を棄損させる原因ともなる．また，法律上の問題としてとらえるならば，重大な業務上の過失が認められる場合は処罰の対象となり，場合によっては賠償金を請求されることもある．ケアの中で発生する事故は，単に結果に対する責任として問題が問われるだけではなく，職場全体のモラール（士気）や職員にとっての仕事のやりがいにも影響を及ぼすことになる．

　ケアにおける事故は，利用者の QOL や法律上の罰則，職員の知識・技術等のさまざまな問題と深くかかわっているが，そのような広範な課題と密接に関係する事故をどのようにとらえるかによって，リスクマネジメントの方針が大きく変わってくる．事故のとらえ方としては，一般的には「事故は絶対に起こしてはならない」という考え方が優勢であると思われる．

　上述したように，ケアサービス事業所において，事故を全否定するということにはどのような意味があるのか，どうしたら「事故をなくす」ことができるのかといった問題を含めて，事故をどのように理解するかは，リスクマネジメントのあり方に大きな影響を及ぼすと考えられる．事故についての理解を深めるために，以下では，代表的な事故のモデルを基に検討することとする．

1）ドミノモデル

　ドミノモデルは，破綻へとつながった事象の連鎖として事故を表現するものであり，事故連鎖モデルとよばれることがある．ドミノモデルでは，図3-1に示すように，事故の連鎖の中の1つを取り除くか，連鎖するドミノの間にバリアを挿入することによって，連鎖を断ち切ることで事故を防ぐことができると考えられている．連鎖モデルは事故の原因が何であるかを比較的単純に示すことができるように思われるが，次のような問題が存在する．①無数の要因の中から，事故の原因となっていると推定される事象を選ぶことは主

ドミノモデルでは右の図に示すように，それぞれのドミノを，①職場の環境，②個人的な特性，③不安全行為，④事故発生，⑤障害発生とした場合，問題となる事象が連続した結果，事故が発生し，障害が発生すると考える．そのため，途中にバリアを挿入することで，事故の発生と障害を防ぐことができると考える．しかし，要因の選択は主観的であり，同じ要因が同じ配列で問題発生する確率は非常に低いため，ドミノモデルでは事故発生の仕組みを十分に説明し，事故を防ぐことができない．

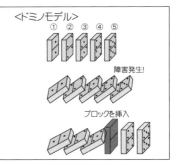

図 3-1　事故のドミノモデル

スイスチーズモデルでは，チーズとして示されるいくつかのブロックをすり抜けたときに事故が発生するとされる．このモデルでは，事故を原因の連鎖としてとらえるのではなく，さまざまな潜在的要因が複雑な関係の中で一定の条件を満たしたとき，すなわち，右の図では穴が一直線に並んだ時に事故が起きるとしている．
　しかし，このモデルではチーズのブロックの穴がどのようにして発生するのかという点については，明確に説明していない．そのため，スイスチーズモデルは後づけの理論にならざるを得ない．

図 3-2　事故のスイスチーズモデル

観的にならざるを得ない，②同じトラブルが同じ連鎖で発生することは皆無に近く，何らかの対応をしてもしなくてもその結果には大差ない，③事象の連鎖モデルは，社会的で組織的に複雑なシステムを扱うには直線的・直接的で，狭く，不完全である[1]．高齢者に対するケアは非常に複雑な要素を含んでいるため，ドミノモデルでは事故の原因を正確に探り出し，事故を防ぐことは困難である．

2）スイスチーズモデル

　スイスチーズモデルは，図 3-2 に示すように，スイスチーズに空いているいくつかの穴（事故の原因）が一直線に並んだとき，その穴をすり抜けるように事故が発生する状況を表している．スイスチーズモデルは，ドミノモデルのように，事故を少数の原因の連鎖としてみるのではなく，より広範な事故の要因に注目し，要因間の複雑な関係性に焦点をあてる．このモデルは，事故の原因を個人に帰着せず，事故の背景に潜む組織的な問題点を探すための手がかりを与えてくれる．スイスチーズモデルは，人間の活動における意思決定から始まり，業務手順，そしてさまざまな関連機材の設計に至るまで，事故の背後に隠れている潜在的な問題を示すことを目指している．

　スイスチーズモデルはドミノモデルよりも，事故にかかわる状況を広範にとらえて複雑な事故の背景を説明することを目指すものである．しかし，実際の理論を現実に適応してみると，どうしても後づけ的な解釈にならざるを得ない．このモデルでは，事故の状況を

詳しく調べることにより潜在的な要因を見つけることはできるが，さまざまな要因の間に生じる相互作用を説明することはできない．また，なぜ問題となる要因が一直線に並ぶのかという点について明らかにすることもできないため，このスイスチーズモデルを使って具体的な事故への対処方法を確定することは困難である[1].

３）システミックモデル

　以上のように，事故の発生に関するドミノモデルでは事故発生の複雑なプロセスを十分説明することは困難である．また，スイスチーズモデルでは潜在的な問題の原因を探索することは可能であるが，それは後づけ的な解釈にすぎない場合が多く，現実的な事故への対処方法を確定することは困難である．ドミノモデルとスイスチーズモデルが，事故発生を直線的な因果関係により説明しようと試みるのに対し，システミックモデルは直線的な因果関係に頼らず，関係する要素同士の相互作用による説明を試みるものである．

　システミックモデルは，システムの要素やプロセスそれぞれの内部に発生する失敗よりも，要素やプロセスの「相互作用」から発生する創発的なものとして事故をとらえる．すなわち，事故はシステム内の通常機能から起こるのであり，要素とプロセス間の相互作用を適切に制御できないところから発生するとしている．しかし，「不適切な制御」を定義することはむずかしく，複雑なシステムにおいては，相互作用をモデル化することは困難である．不適切な制御は多くの場合，システムの通常機能の副産物として生じたものであり「成功と失敗の境界線は紙一重」であると理解される[1].

２．ハインリッヒのピラミッド

　産業における事故と安全の研究のパイオニアであったハインリッヒは，1929 年の論文の中で，１件の重大な障害事故が起きる際には，29 件の小規模障害事故，300 件の障害を含まない事故が起きていることを示した．そのうえで，300 件の事故に対してほとんど注意をはらっていない事故回避対策の現状について，警告を発した．

　ハインリッヒは，事故のカテゴリーの定義について慎重であったといわれる．各カテゴリーは障害の程度，すなわち結果の違いを表しており，事故のタイプを表したものではないという点に留意する必要がある．1929 年当時のハインリッヒの論文では，事故の構成比は図 3-3 のように示されており，ピラミッド型に示されてはいなかったのである．

　ハインリッヒは，"事故"と"障害"，すなわち"原因"と"結果"は区別する必要があることを指摘しているが，現状ではハインリッヒのピラミッドは単に事故の結果を表すだけでなく，事故のカテゴリーを表現していると受け止められることが多い．ホルナゲルは，このようなカテゴリーの混同がさまざまな混乱を引き起こしているとして，以下のような指摘を行っている[2].

　ハインリッヒの法則は一般に図 3-4 の A のように示されるが，このような図式はカテゴリー間の関係について誤解を生じさせる可能性が高い．正しくは，図 3-5 の B のよう

34

エリック・ホルナゲル（北村正春，小松原明哲監訳）：Safety-I & Safety-II；安全マネジメントの過去と未来．76，海文堂出版，東京（2015）をもとに作成．

図 3-3　ハインリッヒによる事故のピラミッド（1929 年）

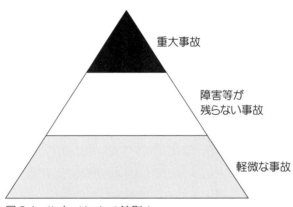

図 3-4　ハインリッヒの法則 A

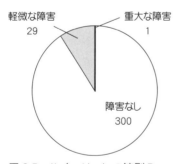

図 3-5　ハインリッヒの法則 B

に示される必要がある．

　これまで，リスクマネジメント研修会の中で「小さな事故の件数を減らすことは，大きな事故を減らすことにつながる」ということがいわれてきた．この考え方は必ずしも誤りとはいえない．なぜなら，小さな事故を減らす努力は大きな事故の要因を減じる働きをする可能性があると考えられるためである．しかし，この考え方にはカテゴリーの混同が含まれており，理論的には誤っているということができる．

　ホルナゲルは，異なるカテゴリーの併記による危険性を示すために，次のような例を示

している. デンマークには 2012 年に 1 ～ 2 頭の狼, 5 頭のバイソン, 100,000 頭の馬がいた. このことから 1:5:100,000 という比率が得られる. この比率には意味があるのだろうか. もしも, バイソンの数を減らせば狼の数も減るのだろうか.

3. ケアにおける事故の理解のための新たなアプローチ

1) リスクマネジメントモデルの限界

　これまでみてきたように, ドミノモデルはケアで発生する事故を理解するうえでは単純すぎるため, リスクマネジメント実践においては有効とはいえない. スイスチーズモデルは事故の背景にあるさまざまな要因に焦点をあて, それぞれの関係性についても言及しているが, 後づけの理論となりがちで, 事故の原因究明と対策という点では不十分なものであった. システミックモデルは現時点では理論的な色彩が強く, 十分には実践に結びついていない状況が推測される. また, ハインリッヒのピラミッドは, 「障害が残らない事故」「軽微な事故」への注意を喚起するという意味では重要な役割を果たしたが, 障害の残らない事故, および軽微な事故がどのようにして重大な事故に結びつくのかという点について厳密に証明しているわけではない. 異なったカテゴリー間に一定の相関が認められたとしても, そこから因果関係を推定することはできない.

　以上のように, 事故の発生について整理してみることにより, これまでケアの現場で行われてきたリスクマネジメントの基礎理論は, それほど信頼度が高いものではなかったことが明らかになっくる. 実際, これまで行われてきたケアリスクマネジメントに関する研究では, ケアサービス事業所におけるリスクマネジメントへの取り組みが必ずしも事故の減少へつながっていない場合があることが報告されている.

　以上のような, ケアにおける事故に関する理解を基にしたうえで, ケアの現場でより効果的なリスクマネジメントへ取り組んでいくためには, これまでとは異なった新たなアプローチを模索していく必要があると考えられる.

2) 新たなリスクマネジメントモデルの構築に向けて

　これまで一般的に流布されてきたリスクマネジメントのモデルは, 明らかに限界を有するものであった. そのような認識の下, 本書ではこれからのケアリスクマネジメントのあり方を模索し, 第 5 章以降においてレジリエンス概念を導入することにより, 新たなリスクマネジメントモデルの構築を試みる.

【引用・参考文献】
1) シドニー・デッカー（小松原明哲・十亀 洋訳）:ヒューマンエラーを理解する；実務者のためのフィールドガイド. 116-126, 海文堂出版, 東京 (2010).
2) エリック・ホルナゲル（北村正春, 小松原明哲監訳）:Safety-I & Safety-II；安全マネジメントの過去と未来. 74-82, 海文堂出版, 東京 (2015).

第4章

ケアリスク マネジメントの 一般的な方法

　ケアリスクマネジメントの実践プロセスは，非常に複雑で入り組んでいるため，ケアの現場で担当者が予備的な知識なしに取り組みを開始しても成果を上げることができず，非常に悩むことになる．そのような混乱を少しでも軽減するために，本書では一般的なケアリスクマネジメントのプロセスについて解説する．

　①組織体制の整備の問題からはじめて，②リスクアセスメント，③リスク評価と取り組み優先順位の検討，④事故の原因分析，⑤事故防止のための対応策の検討，⑥計画（対応策）の実施，⑦モニタリング，⑧対応策実践の効果評価，⑨取り組みの成果の共有とマニュアルへの反映，⑩リスクコミュニケーションの順番で解説を進める．ケアの現場でリスクマネジメントへの取り組みを開始している場合は，現在取り組んでいるテーマから読み始めることを推奨する．ただし，実践場面では必ずしも以下に示すプロセスの順番にこだわる必要はないが，リスクマネジメントの実践は，図4-1に示すように取り組みをスパイラル状に繰り返しながら成果を上げていくという特徴があるため，プロセス全体の流れを把握しておくことが重要である．

1．リスクマネジメントのための組織体制の整備

1）運営理念におけるリスクマネジメントの位置づけの明確化

　ケアリスクマネジメントは介護サービス事業所や病院などケアを実践する組織の中で行われる．そのため，組織の中でリスクがどのように位置づけられ，どのような方針でリスクマネジメントが実践されてきたかが重要な意味をもつ．

　組織がかかわる利用者，利用者家族，地域住民，取引先，事業所の職員，事業所の経営責任者などの利害関係者は「ステークホルダー」といわれる．そして，組織がリスクマネジメントの方向性を検討する際には，ステークホルダーの満足度や利害関係をどのように調整するのかという点が重要な問題となる．この点についてわかりやすく説明すると，利用者，利用者家族，地域住民，取引先，事業所の職員，経営責任者というステークホルダーのうち，だれを最優先するのかという判断がリスクマネジメントの方向性を決定する．ス

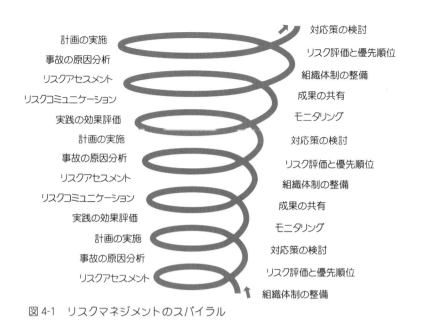

左列（上から下）:
計画の実施
事故の原因分析
リスクアセスメント
リスクコミュニケーション
実践の効果評価
計画の実施
事故の原因分析
リスクアセスメント
リスクコミュニケーション
実践の効果評価
計画の実施
事故の原因分析
リスクアセスメント

右列（上から下）:
対応策の検討
リスク評価と優先順位
組織体制の整備
成果の共有
モニタリング
対応策の検討
リスク評価と優先順位
組織体制の整備
成果の共有
モニタリング
対応策の検討
リスク評価と優先順位
組織体制の整備

図4-1　リスクマネジメントのスパイラル

テークホルダーによりリスクマネジメントに関する利害関係が異なる点に十分に配慮する必要がある．たとえば，利用者本人は車いすで介助してほしいと思っているにもかかわらず，家族はできる限り歩かせてほしいと希望するかもしれない．また，ケアを担当する職員と管理運営責任者とでは優先順位が異なることが多い．リスクマネジメントの実践はヒト・モノ・カネなどの運営資源を活用することにより初めて可能となるが，その資源は限られている．組織運営においては，ヒト・モノ・カネなどの運営資源の減少と質の低下を防がなければならないため，運営レベルでリスクマネジメントを最優先すると決定しても，資源を無制限に投入することはできない．

　組織における法令遵守，良識ある行動，公平な事業活動は「コンプライアンス」といわれ，現代社会では，組織を運営していくうえでコンプライアンスの遵守は必須の条件であると考えられている．ケアサービス事業所におけるリスクマネジメントへの取り組みは，利用者の安全・安心を確保し，社会的責任を果たしていくという意味で，コンプライアンスの一部を構成しているものと考えられる．

　以上により，リスクマネジメントのための組織体制の整備に取り組んでいくうえでは，①リスクマネジメントにおけるステークホルダーの位置づけの明確化，②リスクマネジメントにおける運営資源活用の目安，③コンプライアンスとの関連性，等について組織運営方針の中で明確に位置づけておく必要がある．

2）リスクマネジメントの目的の明確化

　何のためにリスクマネジメントに取り組むかという目的・理念については，組織によって異なったものとなるが，一般的にケアリスクマネジメントの目的ないし理念には「サービスの質の向上」「利用者満足度の向上」「経営資源の有効活用」などが含まれる．

　リスクマネジメントの目的・理念は組織内で検討・決定され，組織内の全関係者に周知徹底されなければならない．リスクマネジメントの目的・理念は，組織の目指すリスクマネジメントの方向性を示すとともに，組織全体の決意表明となる．

　リスクマネジメントの目的・理念が明確に定められたら，リスクに関する行動指針の設定が行われる．リスクマネジメントに関する行動指針を検討するプロセスでは，現場職員の意見を反映させることが重要である．リスクマネジメントに関連するさまざまな課題について，職員による協議の場を設けることやアンケートを実施することなども有効である．リスクマネジメントに関する全職員のコミットメントを得ておくことが，取り組みの成果につながっていく．ケアリスクマネジメントに関する目的・理念，行動指針は組織の管理責任者から現場のケアワーカーに至るまで関係者全員で共有する必要がある．

3）目的・理念の情報公開

　ケアリスクマネジメントの関係者は，組織内の職員とサービス利用者だけにとどまらない．組織外の関係者として，利用者の家族，地域住民，関係機関や関係機関の職員などが挙げられる．定められたリスクマネジメントの目的・理念や行動指針は，外部の関係者に対しても情報提供が行われなければならない．リスクマネジメントに関する情報提供は，事業所のパンフレット，広報誌，サービス利用者に対する説明資料等を活用して行われる．リスクマネジメントにおける目的・理念の情報公開は，後述するリスクコミュニケーションの一環として非常に重要な意味をもつ．

4）リスクマネジメントにおける役割分担の明確化

　リスクマネジメントに取り組むうえで，目的・理念，行動指針の設定に次いで明らかにしなければならないことは，組織内の各レベルの役割分担を明確に示すことである．そこでは，経営レベル（理事長），運営レベル（施設長・副施設長），業務責任者のレベル（課長〜主任），ワーカーレベル（現場の職員1人ひとり），それぞれのレベルにおける責任体制を明示しておく必要がある．

　なお，以下に示すリスクマネジメントにおける役割と責任，権限は，業務分掌の中に明確に位置づけておかなければならない．

　（1）経営レベル（理事長）

　組織運営における最終責任者は，リスクマネジメントにどのようにかかわっていくのかという点について明らかにしておく必要がある．事業体の経営責任者は，事業所内で発生する事故の結果に対する最終的な法的責任を有すると考えられる．

　（2）運営レベル（施設長・副施設長）

　施設運営の責任者である，施設長・副施設長のリスクマネジメントにおける役割と責任には，次のようなものがある．事業所全体のリスクアセスメント，リスク対応のための方針策定，リスクマネジメントにかかわる担当者の任命，リスクマネジメント全般の実施状況のモニタリングと評価の最終的な責任者として位置づけられる．また，事故発生時，および緊急事態の発生時の対応の責任者としても位置づけられる．

（3）業務責任者のレベル（課長〜主任，リスクマネジャー等）

　それぞれの役職や業務分担の内容との関連に従って，運営責任者の責任と権限の一部が振り分けられる．業務責任者である，課長〜主任等の役職では，担当部署におけるリスクアセスメント，リスクへの対応のための方針の策定，リスクマネジメントの実践，モニタリングと評価に取り組む．リスクマネジャーは，事業所全体のリスクマネジメントへの取り組みを統括し，施設長等の運営責任者を補佐していくことになる．リスクマネジャーは本来，施設長・副施設長と同等の責任と権限を有しているべきであるが，実際のケア事業所ではそのような位置づけがなされていないことが多い．組織におけるリスクマネジャーの権限と責任は，本来非常に重いものであることを確認しておく必要がある．

5）リスクマネジメント委員会の設置

　リスクマネジメント委員会はリスクマネジャーと同様に，事業所の運営責任者のリスクマネジメントに関する業務を補佐し，事業所全体のリスクマネジメントへの取り組みを推進していくための役割を果たすことが求められる．リスクマネジメント委員会が取り組むべき主な役割としては，事業所のリスクに関するアセスメント，事故原因の究明と対応策の検討，対応策の実践とモニタリング・評価，リスク対応関係マニュアルの管理，職員研修，リスクコミュニケーションの確認，リスクマネジメントシステムの調整，等が挙げられる．これらの取り組みの中でも，とくにリスク対応の特殊性に焦点を絞る場合，リスクに関するアセスメント，事故原因の究明と対応策の検討が重要な役割となると考えられる．

（1）リスクアセスメント

　リスクアセスメントのプロセスでは，事業所におけるリスクの状況，事故の発生の状況，事故予防のための取り組み，事故発生後の対応の状況等についての情報の整理を行う．リスクアセスメントの方法は大きく2つに分かれる．1つ目は，リスクマネジメント委員会等においてリスクアセスメントのためのチェックリストなどを活用しながら，事業所のリスクについて協議・検討を行い，事業所のリスクについて情報を整理するという方法である．2つ目は，事故の発生状況，ヒヤリハット報告と事故報告のデータを整理して事業所におけるリスクの状況について分析を行うという方法である．ケアサービス事業所においては，2つ目の方法をアセスメントの手法として用いることが多い．リスクマネジメント委員会はリスクアセスメントを実施し，事業所内で発生している事故，事故が発生する危険性があると予測される事態を事前に整理しておく必要がある．

（2）事故原因の究明と対応策の検討

　事故が発生した際に，リスクマネジメント委員会は事故発生の経過を調査し，①客観的な事実の確認，②事故に重大な影響を及ぼした要因を確認，③問題となる要因への対応を含む再発防止策の検討を行う．

　客観的な事実の確認に携わる担当者は，事前に調査範囲，調査方法，調査結果の取り扱い等についての基準を示し，関係職員の合意を得ておく必要がある．ケアサービス事業所は，客観的な事実の確認に携わる担当者に対して，調査のために必要な一定の権限を付与してお

くことが望ましい．事故の原因を確認する作業では，SEHLL 分析による，ソフトウエア，ハードウエア，環境，人間（当事者），人間（関係者）といったカテゴリーを活用すると効果的だが，より広範なシステムの分析を試みる場合には，次のような視点を活用することができる．
＜事故の要因分析のためのより広範な視点＞
　（a）現場システム：利用者，職員，さまざまな環境要因，業務のプロセスについて分析する
　（b）経営システム：組織体制，経営ビジョン，組織風土注(1)等について，検討を行う
　（c）社会システム：介護サービスの社会的な位置づけ，法的な規制，社会的な価値や常識，等について検討する
　（3）マニュアルの活用と職員研修
　マニュアルは，ケアワーカーがどのように行動するべきかという方法や手順を示すものである．マニュアルを効果的に活用するには，ケアの方法や手順が過不足なく記述され，その内容が関係職員に共有されている必要がある．
　リスクマネジメント委員会では，リスク対応マニュアルの作成と定期的な見直し，その内容を全職員に徹底するための取り組みを行わなければならない．介護職や看護職などの職種が管理する業務マニュアルは，基本的にはそれぞれの職種の責任者が管理するが，その中でもリスクマネジメントにかかわる箇所については，リスクマネジメント委員会が積極的にコミットメントしていく必要がある．
　リスクマネジメントのためのマニュアルには，事故予防の対策と事故発生後の対応策の両方が含まれる．リスクマネジメント関連マニュアルを効果的に活用していくためには，利用者の状況や職員の勤務状況等の変化に対応するマニュアルの頻繁な見直しと，職員に対する見直しの周知徹底が必要である．
　（4）リスクコミュニケーション
　リスクコミュニケーションは，リスクに関する情報を，利用者，利用者家族，職員，地域の関係者等で共有し，事故や災害の発生に備えることを主要な目的とし，リスクに関する関係者の合意を形成するためのコミュニケーションである．リスクマネジメント委員会では，職員・利用者・家族・地域住民に対するリスクコミュニケーションの方法と内容を検討することが求められる．
　（5）リスクマネジメントシステムの調整
　リスクマネジメントは「リスクアセスメント〜事故発生要因の分析〜リスク対応のプランニング〜プランの実践〜モニタリング〜評価」といった一連のプロセスを含む．リスクマネジメント委員会は，施設全体のリスクマネジメントのプロセスを評価し，リスクマネジメントへの取り組みが適切に行われているかについて確認する．リスクマネジメントのプロセスの中で滞っている箇所や問題が発生している箇所があれば，その原因を探り，対応策を検討していくことが求められる．
6）リスクマネジャーの役割
　リスクマネジャーはリスクマネジメント委員会の委員長を兼務することが多く，その役

割も委員会の業務とほぼ重なっている．したがってリスクマネジャーの役割は，上述したようなリスクマネジメント委員会の機能を効果的に遂行していくことであるが，事業所内でさまざまなリスク対応の取り組みを調整していくうえでは，次のような役割がとくに重要になると考えられる．

＜リスクマネジャーの役割＞

 （a）さまざまなリスクを明らかにし，関係者全員で共有する

 （b）リスクへの対応方法を取りまとめ，対応策を実践に移す

 （c）リスクを低減するための職員の指導，および教育

 （d）リスクマネジメントのための組織内外の関係者との連絡調整，等

7）事故発生時の責任体制の明確化

 これまで，日常の業務におけるリスクマネジメントの担当者および組織の役割分担について述べてきたが，重大な事故が発生した場合の対応策についても，明確に定めておく必要がある．事故発生後の対応策の中で，とくに重要と思われるものを示す．

 基本的にはマニュアルに基づいて事故発生後の対応が行われることになるが，実際にはマニュアルの想定外の事故が発生したり，マニュアル自体が不備であったりする場合もあるため，以下のような点に留意する必要がある．

 事故発生後，運営管理者とリスクマネジャー，リスクマネジメント委員会は事故の経緯を確認し，事故によって発生している影響を客観的に評価するとともに，緊急対応の一環として，利用者家族などの関係者・監督官庁等の関係機関へ状況報告を行う必要がある．また，必要に応じて保険対応，関係者への謝罪，マスコミへの対応についても担当者と対応方法を検討していく必要がある．緊急対応の段階が終了した後は，事故の原因についての詳細な調査，リスク対応プロセスの手直し（マニュアルの再検討，研修徹底，組織の見直し，保険の再検討など）に取り組む必要がある．

2．リスクアセスメント

1）リスクアセスメントのさまざまな手法

 リスクアセスメントとは，第4章1-5)-(1)でふれたように，事業所内のリスクの状況について情報を整理し，評価を行うことである．ケアのリスクマネジメントを効果的に実施するためには，事業所内で適切なリスクアセスメントを実施する必要がある．リスクアセスメントにおいてはさまざまな手法が活用されるが，ここでは，一般的な方法として次の5つを示す．

 ①チェックリストの活用：さまざまなリスク要因を整理したチェックリストを活用して，事業所内の事故発生の状況や，危険箇所を確認する．

 ②ヒヤリハット，事故報告書の整理・分析：事故・ヒヤリハットの報告書を整理，分析して，事故の種類の分類，発生頻度等，事故が引き起こす影響の度合い等についての全体的な傾向を把握する．

③現場の職員の話し合い，KJ法の活用：日常的に職員が対応しているリスクについて，職員間の話し合いやKJ法を用いた検討会等により，整理する．

④利用者・家族等からの意見聴取：直接の面談やアンケートにより，利用者および家族から，リスクに関連する意見や要望を確認する．

⑤政策やマスコミの動向の確認：インフルエンザ，新型コロナウイルス感染症，ノロウイルス，疥癬などについて，行政の政策およびマスコミや地域情報に注意する．

　実際のリスクアセスメントでは，「①チェックリストの活用」から「⑤政策やマスコミの動向の確認」といった手法のうち，その時々の必要性に応じて手法を組み合わせて行うが，一般的には「①チェックリストの活用」と「②ヒヤリハット，事故報告書の整理・分析」を中心に行うことが多い．リスクマネジメント委員会では，取り組みの早い段階で事業所におけるリスクの全体像を把握し，リスクアセスメントの結果を全職員間で共有することが大切である．また，リスクアセスメントは1回限りで終了するわけではなく，定期的に実施する必要がある．

2）チェックリストの活用の例

　リスクアセスメントの手法が複数存在することは上述したとおりであるが，既存のチェックリストを活用することも効果的である．リスクアセスメントの様式にはさまざまなものがあるが，「リスクアセスメント・チェックリスト」（表4-1）を活用することができる．事業所内でリスクマネジメント委員会が中心となりチェックリストを実際に活用してみることを勧める．リスクマネジメントへの取り組みの初期の段階でこのようなチェックリストを活用し，事業所のリスクに関して客観的なデータとして全職員で共有することが重要な意味をもつ．また，このようなチェックリストを継続的に活用することにより，事業所における事故やヒヤリハットの発生頻度の変化を確認することが可能になる．

　ケアサービス事業所おけるリスクアセスメントでは，表4-1のようなチェックリストの活用以外に，ヒヤリハット・事故報告書の整理と分析，ケアの現場における事故についての職員間の話し合いやKJ法を活用した問題の整理，政策およびマスコミの動向チェック，利用者家族からの意見聴取などが含まれることはすでに示したとおりである．

　リスクとは将来にわたるメリットとデメリットの双方を含んだ状態を指すが，表4-1ではケアに関連する問題発生や事故に関連する項目に焦点をあてている．そのため，このようなチェックリストを使用するとリスクにおけるネガティブな側面だけに注意が向きがちであるが，ケアのリスクにおけるネガティブな側面について検討する際には，その背景には常にポジティブなケアの視点が存在することを忘れてはならない．

3．リスク評価と取り組みの優先順位の検討

1）事故の評価

　リスクアセスメントを実施後は，リスクの評価を行うことになる．リスクを評価する際

表 4-1　リスクアセスメント・チェックリスト

ケアのリスクにおけるネガティブな側面	無	有（	回・人）
1 日常のケアの場面にかかわるリスク			
利用者の転倒事故	無	有（	回）
利用者の転落事故	無	有（	回）
利用者の誤嚥・誤飲	無	有（	回）
車いすの操作ミスによる事故	無	有（	回）
移乗・移動動作介助中の事故	無	有（	回）
入浴介助中の事故	無	有（	回）
排泄ケアにかかわる事故	無	有（	回）
衣類着脱にかかわる事故	無	有（	回）
爪切り等整容にかかわる事故	無	有（	回）
原因不明の傷やあざ	無	有（	回）
通院やデイサービスなどの送迎時の事故	無	有（	回）
他：	無	有（	回・人）
2 看護ケアにかかわるリスク			
薬の誤配	無	有（	回）
事業所での褥瘡の発症者数	無	有（	人）
感染症（インフルエンザ，疥癬，MRSA，結核，コロナ，等）	無	有（	人）
脱水症状の発症数	無	有（	人）
皮膚疾患の発症数	無	有（	人）
膀胱カテーテル使用者数	無	有（	人）
人工肛門使用者数	無	有（	人）
酸素の利用者数	無	有（	人）
疼痛を抱えている利用者の人数	無	有（	人）
インシュリンの対象者数	無	有（	人）
バイタルサインの確認漏れ，誤った確認	無	有（	回）
他：	無	有（	回・人）
3 認知症等精神的な障害にかかわるケア			
徘徊する利用者への対応	無	有（	回）
無断の外出・徘徊等により利用者の行方不明者数	無	有（	人）
不穏興奮への対応	無	有（	回）
他の利用者とのコミュニケーション上のトラブル	無	有（	回）
利用者の異食	無	有（	回）
妄想・幻覚への対応	無	有（	回）
職員による利用者への暴力行為	無	有（	回）
利用者からの介護拒否	無	有（	回）
他：	無	有（	回・人）
4 栄養管理にかかわるリスク			
嚥下困難な利用者数	無	有（	人）
経管栄養	無	有（	人）
ノロウイルス	無	有（	人）
栄養障害	無	有（	人）
他：	無	有（	回・人）
5 利用者の私物・財産管理にかかわるリスク			
私物の盗難・紛失・破損	無	有（	回）
利用料金の請求・支払いに関するトラブル	無	有（	回）
預かり金の管理上のトラブル	無	有（	回）
他：	無	有（	回・人）
6 主に利用者が原因となるリスク			
利用者同士のトラブル・利用者同士の加害行為	無	有（	回）
利用者から職員に対する暴力等	無	有（	回）
他：	無	有（	回・人）
7 ケア提供事業所の管理運営にかかわるリスク			
利用者・家族からの要望への対応	無	有（	回）
サービス内容に関するクレーム・苦情	無	有（	回）
利用契約にかかわるトラブル	無	有（	人）
家族への連絡・報告にかかわるトラブル	無	有（	回）
対応が必要な強いストレスを抱えた職員数	無	有（	人）
職員の腰痛	無	有（	人）
職員の怪我	無	有（	人）
職員の交通事故	無	有（	人）
建物・設備・備品の不適切な管理	無	有（	回）
他：	無	有（	回・人）
8 事業所の運営にかかわるリスク			
介護職員の不足（不足している人数）	無	有（	人）
利用者の定員未充足（不足している人数）	無	有（	人）
他：	無	有（	回・人）

表 4-2　事故の発生回数によるランクづけ

ランク	基　準	発生回数の例
5	非常に頻繁に発生する	1 月　　2 回以上（年 12 回以上）
4	多く発生する	1 〜 2 月 1 回（年 6 〜 12 回）
3	ときどき発生する	3 〜 6 月 1 回（年 2 〜 4 回）
2	少し発生する	1 〜 2 年 1 回（2 年 1 〜 2 回）
1	めったに発生しない	3 年　　1 回以下

塩谷佳紀：必携リスクマネジメント入門；リーダーが正しいリスク対応をするために．100，生産性出版，東京（2009）をもとに作成．

表 4-3　事故の発生確率によるランクづけ

ランク	基　準	発生確率の例
5	非常に高い確率で起こる	20 ％〜
4	高い確率で起こる	16 〜 20 ％
3	比較的高い確率で起こる	11 〜 15 ％
2	低い確率で起こる	6 〜 10 ％
1	非常に低い確率で起こる	1 〜 5 ％

塩谷佳紀：必携リスクマネジメント入門；リーダーが正しいリスク対応をするために．101，生産性出版，東京（2009）をもとに作成．

表 4-4　事故発生による危害の程度

	定性的な表現		人に対する危害	物的損害（火災の例）
IV	致命的	Catastrophic	死　亡	火災，建物損傷
III	重　大	Critical	重傷，入院治療を要す	火　災
II	中程度	Marginal	通院加療	発火・設備の一部焼損
I	軽　微	Negligible	軽　傷	発　煙
0	無　傷	None	なし	なし

経済産業省（2011）「リスクアセスメント・ハンドブック（実務編）」（https://www.meti.go.jp/product_safety/recall/risk_assessment_practice.pdf）をもとに作成．

には，事故が発生する頻度と，事故によって生じる損害の程度という 2 つの側面からみていくことが一般的である．事故が発生する頻度については，事故の発生回数によるランクづけ（表 4-2）と，発生確率によるランクづけ（表 4-3）が可能である．事業所内で発生する介護事故等については，発生回数によるランクづけを行うのがよいと思われる．しかし，感染症の発症のような場合は，利用者 50 人中 8 人罹患（16 ％）のような発生率による評価のほうがわかりやすいこともあるため，使い分ける必要がある．危害の程度については「致命的」「重大」「中程度」「軽微」「無傷」といったランクづけ（表 4-4）をすることができる．

2）対応のためのコストの検討

　事故発生の頻度と，事故発生による危害の程度を確認後，表 4-5 に示すようにリスク対応のためのコスト（リスクマネジメントのための人，物，金，時間，等）と事故によって

表 4-5　事故の発生確率と影響の大小

リスクマネジメントのコストの例	事故発生により発生するコストの例
・会議，研修，情報収集のための人と時間 ・マニュアル作成のための人，時間，費用 ・アセスメント～リスクマネジメント実践～モニタリング 　～評価のための人，時間，費用 ・リスクコミュニケーションのための人，時間，費用 ・万が一の事故に備えた保険金 　　　　　　　　　　　　　　　　　　　等々	・利用者の満足度の低下 ・事業所の評価の低下 ・職員のモラール，チームワーク，職員の定着率の 　低下 ・原因調査，対策の検討のための人・時間 ・賠償金，慰謝料 ・関係各所への報告 　　　　　　　　　　　　　　　　　　　等々

表 4-6　リスク評価の例

発生確率 ＼ ダメージ	無　し	軽　微	中程度	重　大	致命的
非常に頻繁に発生する	C	B	A	A	A
多く発生する	C	B	B	A	A
時々発生する	C	B	B	B	A
少し発生する	C	C	B	B	B
めったに発生しない	C	C	C	B	B
全く発生が予想できない	C	C	C	C	C

A 領域：最優先で取り組みを実施する．　／　B 領域：できる限り取り組みを実施する．
C 領域：資源活用に大きな負担がない範囲で取り組みを行う．

発生するコスト（利用者の満足度，事業所の評価，職員のモラール，等）を計算し，それぞれ比較しておくことにより，リスクマネジメントの意義を深く理解することができる．

3）対応の優先順位の検討

　事故が発生する頻度（事故の発生率）と，事故の結果予想されるダメージを組み合わせ，それぞれの組み合わせについてリスクマネジメントにおける取り組みの優先順位を検討することができる．表 4-6 では，優先順位はそれぞれ A 領域（最優先），B 領域（できる限り），C 領域（大きな負担のない範囲で）とレベルを設定している．

　最終的には，事故の発生率とダメージの組み合わせに基づいた"優先順位"と""取り組みに必要な資源の総量"を検討することにより，事業所におけるリスクマネジメントへの取り組みの可否を決定することになる．

4．事故の原因分析

　ケアの現場で事故が発生すると，事故の原因を分析し，事故の再発を予防するための対

応策を検討することになる．事故原因の分析と再発予防策の検討のやり方については，なにか特別な決まりがあるわけではない．正式なリスク対応委員会の場で検討が行われることもあれば，朝夕のミーティングの場で簡易的に行われることもある．場合によっては，リスクにかかわった職員が事故報告書を提出して，それで終了という場合もあり得る．

　事故の原因分析と対応策の検討会が開催される場合には，検討会に参加する職員の責任の範囲や職務権限，さらに検討会の最終目的がどのように設定されているかによって，話し合いの内容はまったく異なったものになるという点に留意する必要がある．そのため，リスクマネジメントマニュアルの中で，事故後の原因分析と対応策の検討，分析された事故の原因と対応策を全職員へ周知する方法について明確に定めておく必要がある．

　以下では，原因分析と対応策を検討する際の留意点と，ヒヤリハット報告や事故報告の分析方法について説明する．

1）関係者の話し合いによる事故分析と対応策の検討

　事故の原因を分析するための検討の場面としては，①事故直後の関係者による事故発生時の状況確認の場面，②朝夕のミーティングや引き継ぎの際に行われる情報共有の場面，③事故の原因分析と対応策検討のための委員会等での話し合いの場面などが考えられる．事故原因の分析の場で検討される主な内容としては，①詳細な事実関係（いつ，どこで，だれが，なにを，なぜ，どのように）の確認，②推定される事故の要因（人員体制，職員の知識・技術，職員間のチームワーク，施設設備の構造的な問題，マニュアルの不備，等），③事故後の緊急対応の状況確認，④事故防止のための対応策の検討，等が想定される．

　これらの事故原因の分析と対応策検討の場面で注意しておかなければならないことがある．1点目は，話し合いはエビデンスに基づいて行われなければならないということである．事故が発生した現場で時間，場所，かかわった人物等の事実関係を確認するとともに，関係者から事情を聞くことによりエビデンスを収集し，そのエビデンスを再構成することにより，事故原因の推定と対応策の検討を試みることになる．2点目は，事故の原因分析と責任の追及は異なったレベルで行われる必要があるということである．多くの事例では事故原因の分析と，事故を直接的に誘発したと考えられる職員の責任の追及を一体的に行っているが，これは誤りである．本来，事故原因の分析と責任の追及は異なったカテゴリーのルールに基づいて行われるべきものである．事故原因の分析はリスクマネジメントのルールに従って行われるべきであるのに対して，事故にかかわった職員に対する責任追及は，人事に関連する賞罰の規定に基づいて行われるか，職員の資質向上を目的とする研修システムの中で行われるべきものである．

2）個人的なエラーについての考え方

　ケアサービス事業所で転倒や誤飲などの事故が発生した場合，事故の原因や背景について分析を行うことになるが，その際，原則として事故にかかわった職員の責任を追及するのではなく，事故発生の原因になったと考えられるさまざまな要因について考察することが大切であることは，上述したとおりである．

〇〇〇事業所 ヒヤリハット報告書				
報告者		日　時	令和　　年　　月　　日（　）	
			時　　　分	
概　　要	場所： □食事　□入浴　□排せつ　□着脱　□整容　□移動（歩行・車いす・車両） □転落　□配薬　□施設設備　□備品　□対人問題（　　　　　　　　） □外出　□徘徊　□その他（　　　　　　　　　　）			
誰が，何が				
どのように				
ヒヤリ・ハットの状態				

図 4-2　ヒヤリハット報告書の例

　ケアにかかわる事故やインシデント・ヒヤリハットの原因となる要因には，多くの場合，担当職員の不注意のほかに，職員の勤務体制の不備，職員研修の不足，マニュアルの不備と活用方法の誤り，職員間の事故に関する情報共有の不足，施設設備の不備，職場全体のモラール（士気）の低下等，さまざまな要因がかかわっている．偶然事故にかかわってしまった職員に対して，これらの要因と責任のすべてを押しつけてしまうことは，明らかな誤りであるとともに，コンプライアンスの観点からも不適切であると思われる．事故報告やヒヤリハット報告を職員に対する罰則として位置づけることにより事故の発生を抑制することができるという考え方は，職員の真摯な姿勢を阻害し，実際に問題が発生してもできる限りその問題にかかわらないようにしようとする職員のモラールの低下をもたらす．そのため，一時的には事故の発生件数を減らすことができるかもしれないが，長期的には事業所全体のケアの質の低下を招いてしまうことになる可能性が高い．

　うっかりミスなど個人のエラーの発生には，その背景に複数の要因が存在している可能性があることを忘れてはならない．ホルナゲル等は"個人のエラーは物事の原因ではなく，結果であるにすぎない"ということを繰り返し指摘している．個人のエラーの問題と取り上げる際には，そのエラーが生じた原因を精査し，その原因を取り除くための方策を実行する必要がある[1,2]．

3）インシデント報告，ヒヤリハット報告，事故報告

　インシデント報告，ヒヤリハット報告，事故報告は，客観的なデータに基づいて事故の原因や事故の背景となる要因を明らかにし，事故の再発防止と予防に役立てることを主要な目的とする．とくに，事故報告は事故の原因を徹底的に洗い出し，事故を防ぐための対策を検討し，その対策を全関係者へ周知徹底する際の資料として活用される．インシデント報告とヒヤリハット報告もまた，事故防止のための重要なデータとして役立てることができるが，それだけではなく，一定期間データを収集し整理したうえで，事業所におけるリスクの全体像を分析するために活用することができる．

　事故報告，インシデント報告，ヒヤリハット報告の具体的な例を図 4-2 〜図 4-4 に示す．

○○○事業所 インシデント報告書			
報告者		日 時	令和　年　月　日（　） 　　　　　時　　分
利用者		生年月日	M・T・S　年　月　日（　歳）
		要介護等	要介護度　　日常生活 　　　　　　自立度
概　要	場所：＿＿＿＿＿＿ □誤飲・誤嚥　□入浴　□排せつ　□着脱　□整容　□移動（歩行・車いす・車両） □転落　□配薬　□施設設備　□備品　□対人問題（　　　　　　　） □外出　□徘徊　□その他（　　　　　　　　）		
誰が・何がどのような状態だったか		（状況説明図）	
予想される危険			
かかわった職員の状況			

図 4-3　インシデント報告書の例

○○○事業所 事故報告書			
報告者		日 時	令和　年　月　日（　） 　　　　　時　　分
利用者		生年月日	M・T・S　年　月　日（　歳）
		要介護等	要介護度　　日常生活 　　　　　　自立度
概　要	場所：＿＿＿＿＿＿ □誤飲・誤嚥　□入浴　□排せつ　□着脱　□整容　□移動（歩行・車いす・車両） □転落　□配薬　□施設設備　□備品　□対人問題（　　　　　　　） □外出　□徘徊　□その他（　　　　　　　　）		
事故の内容	経緯	（状況説明図）	
事故発生時の対応	時：分　｜　対応の内容		
利用者のその後の状況	症状・症状・入院の有無		
事故発生後の対応	連絡先・連絡機関 謝罪・賠償		
事故要因の分析	ソフトウエア要因（S），ハードウエア要因（H），環境要因（E），職員側の要因（L），利用者側の要因（L）		
再発防止策			

図 4-4　事故報告書の例

①事故報告書

　事故報告は，実際に事故が起きた場合に行われるものであり，日時，場所，事故の内容，事故発生の前後の状況，事故にかかわった利用者，職員等についての記述が行われる．一般的には，事故報告の中に事故の再発防止のための対応策が記述されることが多い．

②インシデント報告

　インシデント報告は，事故が起こりそうになったが，その発生を未然に防いだ出来事について記述し，報告するものである．原則的には，通常の状態からは乖離しているが，損害・危害が発生していない出来事はインシデントとみなすことができる．

③ヒヤリハット報告

　ヒヤリハット報告は，業務に携わっている職員が危険と感じたことや，問題があると気づいたことなどを報告するものである．インシデント報告に比べて，職員の主観性が強いものとなるが，職員の直感や気づきは事故を未然に防ぐうえで非常に重要な役割を果たす．

　多くの事業所では，インシデント報告とヒヤリハット報告を区別せずに使用している．医療分野では厳密に分ける場合もあるが，高齢者ケアの分野ではそれほど大きな問題はないと考えられる．しかし，"事故報告"と"インシデント報告とヒヤリハット報告"との区別に関しては，基準を明確にしておく必要がある．"インシデント報告とヒヤリハット報告"は事業所のリスク状況を明らかにするためのデータとして位置づけられるのに対し，"事故報告書"は徹底的に原因分析を行い，対応策を検討することで事故の再発を防ぐための重要なデータとなる．

　事故の原因分析にしっかり取り組んでいない事業所にとっては，"事故報告"と"インシデント報告とヒヤリハット報告"との区別はそれほど重要なものではない．事故が起こったとしても，かかわった職員に事故報告書を提出させ，その事故報告書をファイリングすることがリスクマネジメントであると考えている事業所にとっては，報告書は責任者が決済するための書類であり，両者の区別は集計結果の数字の違いとして現れるにすぎないということになる．これに対して，事故の関係者がデータを持ち寄って原因の分析を行い，その背景要因までを明らかにしたうえで事故防止策を検討する場合は，多くの人手と時間を要することになる．そのため"事故報告"と"インシデント報告とヒヤリハット報告"とを区別せず，すべての報告について，その原因と背景要因の分析を行うことは実質的に不可能であると思われる．もしも，現時点ですべてのヒヤリハット報告とすべての事故報告について，しっかり要因分析を行っている事業所があるとするならば，その事業所ではヒヤリハット報告の提出が極端に少ないか，または，要因分析の内容が不十分である可能性がある．この点については，以下で示す事故原因の要因分析に関する記述を一読すれば理解してもらえると考える．

4）SHELL分析による事故原因の検討

　ヒヤリハット報告や事故報告は，事故発生の原因を分析し，事故の再発防止策を検討するための資料として活用されるだけでなく，事故の種類ごとに分類し，時間・場所，利用者の状態，環境要因等について整理することで，事業所全体の事故の状況を把握するための資料となる．リスクマネジメントにおける事故原因の分析の手法にはさまざまなものがあるが，ケアサービス事業所における事故原因分析の手法としては，SHELLモデル[1,2]による分析とRCA[3,4]（根本原因分析）を活用する手法が有効である．この2つの分析手法

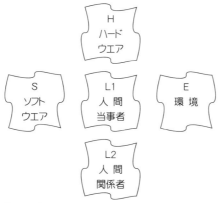

Frank H Hawkins: Human Factors in Flifht. second edition, 22-25,
Routledge, Oxfordshire United Kingdom (2017) をもとに作成

図 4-5　SHELL モデル

表 4-7　SHELL の内容

要因のカテゴリー	内　容
S：ソフトウエア	理念，マニュアルなど
H：ハードウエア	施設，設備，道具など
E：環　境	照明，湿度，管理体制など
L1：人間 1	事故の当事者，自分自身
L2：人間 2	他の職員，他の人々など

以外にも 4M，4M4E，m-SHELL 等，類似した分析モデルが存在するが，本書ではケアにおける事故分析手法の基本形として SHELL 分析と RCA モデルを取り上げ，はじめに SHELL 分析について説明を行う．

　SHELL モデルは 1970 年代に航空業界における事故の研究の中で，ヒューマンファクターに焦点をあてる手法として開発された．SHELL 分析の応用範囲は広いため，現在では介護や看護の分野におけるリスクマネジメントの中でも活用されるようになっている．SHELL モデルを用いる分析では，事故の原因や要因を探るために図 4-5 に示すように，①ソフトウエア，②ハードウエア，③環境，④人間（当事者），⑤人間（他の関係者）という 5 つの観点から探索を行う．

　表 4-7 に示すように，S（ソフトウエア）については，事業所の理念や業務分掌，マニュアルなどが事故の発生にどのように影響しているかという点について考えることができる．H（ハードウエア）については，施設の造りや，設備の状況，介護や看護にかかわる機材などの状況を検討する．E（環境）については，照明や湿度，管理体制などの環境的な要因が問題とされる．L（人間）は事故の直接的な原因にかかわった当事者と，事故に間接的にかかわった関係者とに分かれる．

　図 4-5 の中心に位置する「L1」は事故の直接の当事者であり，この「L1」が周囲を取り

表 4-8　SHELL 分析の例 1

カテゴリー	要　因	対　策
Software ソフトウエア	・入所時の受け入れマニュアルに，転倒・転落予防のためのアセスメントの実施が定められていなかった. ・転倒・転落の危険のある利用者への対応が，職員によって異なっていた.	・入所時の転倒・転落防止のためのアセスメント実施をマニュアルに明記する. ・転倒・転落の危険度の高い利用者への対応方法について，学習の機会を設ける.
Hardware ハードウエア	・ベッドの高さが，本人にとって望ましい状態よりも，少し高くなっていた.	・ベッドの高さを本人の身体の状態に合わせて調整する.
Environment 環　境	・照明を消していた. ・当日の人員体制について，病欠のスタッフがいたため人員が不足していた.	・夜間に補助的な照明を使用する. ・スタッフが欠勤しても，対応が可能な人員配置を考える.
Liveware-1 人間・当事者	・利用者は脊椎湾曲症で，ベッドから降りる際，不安定な姿勢になりがちであった. ・ナースコールは使用可能であったが，使わなかった. ・利用者は睡眠薬を服用していた.	・脊椎湾曲症を考慮したベッドの乗り降りの仕方を利用者へ指導する. ・ナースコールの使用方法について本人と話し合う. ・睡眠薬の内服について主治医と相談する.
Liveware-2 人間・関係者	・当直の介護士Aは，初めての当直だった. ・利用者が睡眠薬服用中で大丈夫と思い，見回りの頻度を少なくしていた. ・利用者の排泄のパターンを把握しておらず，排泄の誘導を行っていなかった. ・同じ当直の先輩が，別の利用者の急変に対応していた.	・新人の勤務体制と指導体制について見直す. ・睡眠薬の作用について勉強の機会を設ける. ・新人に排泄の誘導について指導する. ・他部署への応援を求めることができるような体制をつくる.

囲む「S」「H」「E」「L2」とどのようにかかわるかによって，事故が発生したのかという点を考察することが SHELL 分析の要点である. SHELL 分析は事故の原因分析においては，事故の原因となった当事者自身の問題だけでなく，関連する周囲のあらゆる要素との接点においてとらえることが重要であることを示している. また，「S」「H」「E」「L2」はそれぞれ単独ではなく，「L1-H」「L1-S」「L1-E」「L1-L2」のように二者間の関係で考えることの重要性が指摘されている.

　一般的なリスクマネジメントの場面では当事者としてのL1（人間 1）は業務を行う職員が該当すると考えられるが，ケアの場面では当事者としてのL1（人間 1）はケアワーカーとは限らない. ケアにおける多くの事故では，ケアする側のケアワーカーが事故の直接的な原因を引き起こすことが多いと考えられるが，時にはケアワーカーの行為とは直接関係のない利用者の行為が事故の原因となる場合もある. 当事者としてのL1（人間 1）がケアワーカーの場合は，関係者としてのL2（人間 2）には，同僚の職員や上司，利用者，利用者の家族等が含まれることになる. これに対して，当事者としてのL1（人間 1）が利用者の場合は，関係者としてのL2（人間 2）には，職員，ほかの利用者，利用者家族等が含まれることになる.

　（1）SHELL 分析の例 1

　夜間，脊椎湾曲症で姿勢が不安定な利用者がトイレへ行くためにベッドを降りようとし

表 4-9　SHELL 分析の例 2

カテゴリー	要　因	対　策
Software ソフトウエア	・入浴時には職員が見守ることになっていたが，マニュアルに明確な記載がなかった. ・〇〇さんの体調不良についての引き継ぎがなかった.	・マニュアルを変更する. ・引き継ぎの方法について検討する. ・管理者は業務手順や引き継ぎについて，日常的に点検し指導する.
Hardware ハードウエア	・浴室と脱衣室の間の排水路のカバーがわずかにずれていた.	・排水路のカバーを改修する.
Environment 環　境	・浴室の照明が一部切れており，薄暗かった. ・他の利用者の付き添いのため，他の職員が不在であった.	・照明を交換する. ・職員同士の声かけやお互いのサポート体制の強化について検討する.
Liveware-1 人間・当事者	・朝から体調不良を訴えていた. ・いっしょに入浴していた△△さんが，早く出て行けと言ったことを気にしていた.	・入浴前の体調確認を徹底する. ・入浴の順番を調整する際に，利用者間の相性を配慮する.
Liveware-2 人間・関係者	・浴室担当者は本人の体調不良を確認していなかった.	・体調などの状態確認の内容を職員間で共有する.
マネジメント上の総合的対策	・マニュアルの更新を行うとともに，更新のルールを明確化する. ・利用者の心身の状況に関する情報共有のあり方を見直す. とくに，夜勤者，日勤者，早番等の担当者間の引き継ぎの方法を改善する. ・排水路の改修を行う.	

て転倒し，左大腿骨頸部骨折に至った事例について SHELL 分析の例を表 4-8 に示す. この事例では，L1（人間 1）を利用者と設定しているが，このような設定はケアにおける事故の関係者における「関係」の複雑性を表すものである. L（人間）については，もしも，利用者をサービスの対象者として位置づけ，事故の発生に主体的にかかわっていないという前提で分析する場合は，L1（人間 1）には当直の介護士 A が設定されることとなる. 一般的には，当直の介護士 A を L1 と設定する場合が多いと思われるが，この事例で示すように，利用者を L1 として設定することもできる点に留意する必要がある.

（2）SHELL 分析の例 2

浴室から脱衣室へ戻る際に，利用者の〇〇さんが転倒した. 骨折はなかったが打撲傷が残った. この事例について SHELL 分析を行い，表 4-9 に示すような分析結果を得ることができた.

このような事例では，事故に直接かかわった担当者が 1 人で責任を負わされてしまうことがある. たとえば「入浴介助を担当していた職員の不注意が原因だったので，今後入浴介助を行う際には，十分に利用者の心身の状況に注意をはらうこととする」といった事故報告書が提出されてしまう可能性がある. しかし，実際に SHELL 分析を行ってみると，表 4-9 に示すように，マニュアルの不備，利用者に関する情報共有が不十分であったこと，水路のカバー，照明，職員間の連携が不十分であったこと，などさまざまな原因が明らかになる. このような分析結果に対処するために事故予防のための対策を立て，その対策を実践することにより，事業所における事故の発生率は低下していくと考えられる. なお，この事例では表中に，マネジメント上の総合的対策が示されており，マニュアルの更新，情報共有のあり方

の見直し，排水路の改修等の取り組みが提案されており，SHELL分析の結果が事業所全体のシステムに大きな影響（この場合はよい影響）を及ぼす可能性があることを示している．

5）RCAによる事故原因分析へのアプローチ

RCA（Risk Cause Analysis）は日本語では「根本原因分析」と訳されることが多い．RCAモデルを用いた事故の原因分析では，事故やインシデントの背景にあるさまざまな要因を探り出して，事故の再発を防ぐための対応策立案へ重要なデータを提供することができる．ただし，RCAの実践には，多くの関係者の労力と時間を要するため，頻回には実施できない点，適切なRCAを実施しないと導き出される結果は抽象的で実践に役立たない可能性がある点に留意する必要がある．

ケアにおける事故原因を分析するためのRCAは，＜①事前の準備～②出来事の流れ図作成～③なぜなぜ分析の実施～④根本原因の確定～⑤対応策の立案＞というプロセスをたどる．

①事前の準備

はじめにRCAの対象とする事象（事例）を決定する．事例選定の際には，その事故が重大な被害を及ぼしたか，または将来重大な被害を及ぼす可能性が高いかという点が重要なポイントとなる．分析のテーマが決定したら事故事例の関係する部署・職種の関係者5～6人で分析チームを編成する．チームのメンバーは必ずしも事故の直接の当事者である必要はないが，できる限り事前に事故の状況全般を把握できる立場にあることが望ましい．また，RCAに関する経験や知識を有している職員を1人以上参加させることにより，より効率的で効果的な分析が可能となる．

なお，RCAは一定の人員と多くの時間を必要とするため，事前に実施する事故の内容，分析実施の日時，場所，参加職員，RCA実施方法と目的について，事業所の管理者に報告し，実施の許可を得ておく必要がある．

②出来事の流れ図作成

分析チームで事故報告書等の事例の読み込みを行い，事故の発生時の状況，いつ，どこで，だれが，なにをしたのか，などの事故に関連する事実を確認する．情報が不足している場合は，必要に応じて関係者に対する聞き取り調査を実施する．

事故に関する事実を確認しながら，事故に直接的・間接的に関係すると考えられる出来事を付せん紙に書き出す．1枚の付せん紙には，単数の主体について1つの行為を記入すること（たとえば「〇〇が××を行った」）が原則である．複数の主体や複数の行為を1枚の付せん紙に記載すると分析の際に混乱する原因となる．

次に，付せん紙に書き出した出来事を図4-6に示すように時間の経過に沿って並べる．

③なぜなぜ分析の実施

RCAでは「なぜなぜ分析」の手法を用いて事故の原因を分析する．なぜなぜ分析では，②で作成した出来事の流れ図の項目1つひとつの出来事に対して，そのような行為（または特定の事態）が「なぜ」生じたのかという問いを発しながら，その原因を考察し答えを記述し，

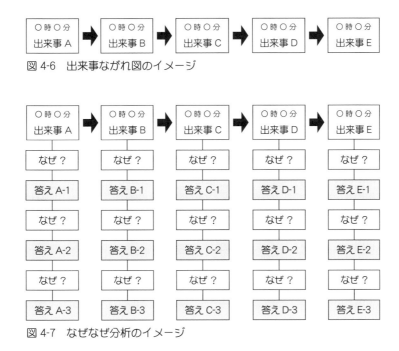

図4-6　出来事ながれ図のイメージ

図4-7　なぜなぜ分析のイメージ

さらに得られた答えに対して再度「なぜ」と問いかけるという作業を繰り返す．図4-7では5つの出来事に対して，「なぜ」という問いと「答え」を考える作業を3回繰り返す場合のイメージを示している．この繰り返しはおおむね5回以内がよいといわれている．この5回という回数には明確な根拠があるわけではないが，このような問いは無限に繰り返すことが可能であるために，繰り返しの回数を操作的に限定しておくほうがよいということである．

　④根本原因の確定

　③のような手順で「なぜなぜ分析」を実施することにより，事故の発生に関連する要因を探り出し，最終的に事故の根本原因を推定する作業に入る．この過程では，「なぜ」に対する「答え」が図4-8に示すように2つ以上に分岐する場合がある．なぜなぜ分析の最終的な結果は，根本原因として位置づけられることになる（図4-8）．

　また，図4-9に示すように，根本原因は複数存在し，また，根本原因は複数の上位の原因と複雑に関係し合っていることがある．以上のような手続きにより推定された根本原因は，客観的で科学的な根拠となると説明する書籍もあるが，そのような解釈は正確なものではない．あくまで「根本原因」は状況を解釈する中で導き出され，分析チームのメンバーによって構成された仮説であるということを忘れてはならない．

　⑤再発予防のための対応策の立案

　RCAは，仮説として導き出された根本原因への対応策を実施することにより，事故の再発を防ぐことを目指す．ケアサービス事業所で発生した事故の原因についてRCAを行ってみると，事故原因はマニュアルの整備，職員研修の強化（とくにOJTが重要），アセスメントの方法と情報の共有，施設設備の改善，業務体制の見直しなどの問題と関連してい

56

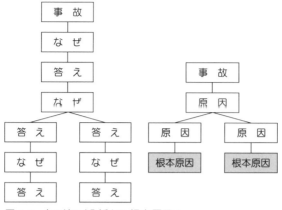

図 4-8　なぜなぜ分析から根本原因へ

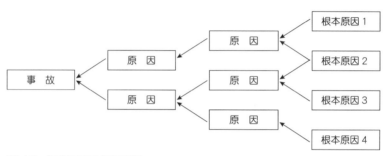

図 4-9　根本原因の相互関係

ることが多い．RCAの最後の段階では，これらの課題について，事業所のさまざまな状況に合わせてもっとも効果的な対応策を検討していくことになる．このプロセスでは，事故の原因が同一であっても事業所の基本的な条件が異なると，対応の内容や優先順位が変わってくるという点に留意する必要がある．

6）RCAの例

（1）事故発生時の状況

午後3時すぎ，自室で横になっていたAさん（男性，83歳，中等度認知症）がベッドから降りて1人で歩き出した．少し傾いた姿勢で自室を出てホールへ向かった．自分の席に着き，座ろうとして転倒した．

①事前の準備

介護課長，ユニットリーダー，看護課長，主任介護支援専門員，ソーシャルワーカーの5人で，RCAモデルに基づいた事故の原因分析を行うことになった．事前に介護課長とユニットリーダーが関係職員から聞き取りを行うことにより，事故発生前後の事実関係の確認を行った．

②出来事の流れ図作成

調べた事実関係を時系列に並べると，図4-10のようになった．

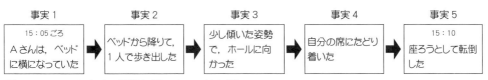

図 4-10　CRA における事故に至るまでの流れ図

図 4-11　事例のなぜなぜ分析；RCA（根本原因分析）

③なぜなぜ分析の実施

　出来事の流れ図に示された，事実1から事実5の出来事について，それぞれ，なぜなぜ分析を行った．この図 4-11 による事例は，流れ図で示される事実1から事実5までの事実について，なぜそのような事実が発生したのかを検討し，さらに原因の原因を検討するために，「なぜ」という問いを繰り返すことにより根本原因を探り出すことを目指したものである．

　図 4-11 の分析においては，事実1と事実4について「なぜ」という問いはそれぞれ1回行われ，その問いに対する回答が記されている．事実2と事実3は3回の問いと答えが，

表 4-10　事例検討の際のテーマの例

導き出された根本原因	事故防止のための対応策の例
・信頼関係を形成している職員が多くなかった	・対人援助におけるコミュニケーションに関する研修. ・認知症や精神障害を有する高齢者とのコミュニケーションに関する研修. ・CS（サービスの質向上）ための取り組み開始.　　　　　等々
・危険が予想される際に声がけ等の対応の優先順位の判断を統一できていなかった	・KYT（危機予知トレーニング）の実施. ・職員間の日常的なサポート体制の課題の明確化と対応策の検討. ・利用者の安全を優先する, 施設内の文化, 風土を育成する.　　　　　等々
・アセスメントが不十分であった ・アセスメント情報の共有が不十分であった	・入所時のアセスメント方法の見直しとマニュアルへ明記する. ・通常のアセスメント情報の更新の方法についてマニュアル化する. ・利用者情報の共有の課題を明確にし, 適切な情報共有のあり方を徹底する.　　　　　等々

事実 5 は 4 回の問いと答えが記されている. このようななぜなぜ分析は, リスク対応のための委員会などで行われることが多いと思われるが, 慣れていないと事故前後の状況確認から事故原因の分析まで 2 ～ 3 時間程度の時間を要する場合がある.

　④根本原因の確定

　この事例では, 事実 1 から事実 5 について, なぜなぜ分析を行うことにより次のような根本原因（仮説）が導き出された.

　事実 2 ⇒信頼関係を形成している職員が多くなかった.

　事実 3 ⇒危険が予想される際に声がけ等の対応の優先順位の判断を統一できていなかった.

　事実 5 ⇒アセスメントが不十分で, かつアセスメント情報の共有が不十分だった.

　⑤対応策の立案

　事故防止のための対策を検討する初期の段階では, どのような対応が可能かという点について大まかな見通しを立てておくことが大切である. たとえば, 表 4-10 に示すような対応策が考えられるが, 「事故防止のための対応策の例」は, まだ抽象的なアイディアの段階であり, そのままでは事故防止のための実践計画とはならない. 実践において有効な対応策には最低限, 以下の項目が含まれている必要がある.

　(a) 根本原因

　RCA によって明らかになった根本原因を明記する. 事例では, 利用者が転倒した原因として「信頼関係を形成している職員が多くなかった」「危険が予想される際に声がけ等の対応の優先順位の判断を統一できていなかった」「アセスメントが不十分だった」「アセスメント情報の共有が不十分だった」という 4 つの要因を挙げている.

　(b) 根本原因への対応策

　根本原因に対応するための対応策を検討し, その内容を詳しく記述する. 事例では「事故防止のための対応策の例」として 9 つの取り組みの例を示しているが, これらの取り

組みを同時に開始することは，現実的には不可能である．そのため，例示している取り組みの中から，1〜3個選び，具体的な対応策を検討していくことになる．対応策には，取り組みの目的，具体的な取り組み内容，取り組み期間，担当者，必要物品・資料，等が記載される．

　(c) 実施時期

　対応策の実施期間を具体的に明記する．対応策の内容によって期間は異なるが，リスクマネジメントへの取り組みが初期の段階では，最長で2か月程度に限定しておくのがよい．計画が半年から1年といった長期間にわたると，当初の目的が忘れられてしまったり，最重要課題が変化してしまったりすることがあるため，最初のうちは2か月以内に区切りをつけるように計画を策定することが望ましい．ただし，対応策の中に職員研修の要素を入れる場合は，半年以上の期間にわたる計画を立案する場合もある．

　(d) 担当者

　事故防止のための対応策には，必ず担当者を明記する．計画の中では，計画遂行のためのいくつかの役割が設定されるため，それぞれの役割，および責任と権限について明記しておくことが大切である．

　(e) モニタリングの時期

　対応策には実施期間が定められるが，途中に実施確認の日程を組み込んでおく．たとえば，実施期間が2週間であれば，1週間目に確認を行う．同様に2か月の実施期間であれば1か月後に実施状況の確認を行うことを明記する．このモニタリングの結果により，必要に応じて計画を変更する．

　(f) 評価項目（評価指標）

　計画の実施後に行う最終評価の評価項目を明記する．取り組み終了後に，その成果がどのようであったかを評価することになるため，成果評価のための指標を事前に定めておく必要がある．

5．事故防止のための対応策の検討

1）対応する課題の設定

　リスク対応のための計画策定においては，まずはじめに対応するリスクを特定しなければならない．事故に関連するリスク要因は，これまでみてきたようにヒヤリハット報告や事故報告を分析することにより明らかにすることができる．さまざまなリスク要因が明らかになった次の段階では，どのリスク要因への対応から取り組みを開始するかという優先順位を判断しなければならない．そのような場合，取り組みの優先順位は事故発生の“発生頻度”と事故の結果生じるダメージとしての“影響の大きさ”に関する判断，事業所が持っている利用可能な“資源の状況”によって決められることになる．ここで事故によって発生するダメージの大きさを考える際には，事故の結果生じる目にみえる障害や器物の

破損に止まらず，利用者や職員への心理的な影響も含まれることを忘れてはならない．

２）リスク対応の基本的な考え方

リスクマネジメントで取り組むリスクの特定に続いて，リスクへの対応策を検討する．ケアの現場でリスクへの対応に当たっている職員であればだれもが理解しているように，リスクへの対応策を検討することは非常にむずかしく，かつ，明確な成果を上げることは困難である．このような状況へ対処していくうえでは，リスクマネジメントにおけるリスク対応のための基本的な方針は単に「事故をなくすことを目指す」ものではないということを理解しておく必要がある．「ISO 31000：2009」で示されているリスクへの対応方針を参考に，ケアにおけるリスク対応の基本的な考え方を整理すると，以下のようになる．

①リスク回避

リスク回避の考え方では，リスクを生じさせる活動を開始または継続しないと決定することにより，リスクを回避する選択を行う．この方法は，リスクを避けるうえでは有効にみえるが，実際にはリスクの回避は新たな問題やリスクを生じさせることになる．たとえば，転倒事故を避けるために，利用者を歩かせないようにすることは，利用者の権利侵害とQOLの低下の責任を負うことになる．

②リスクの選好

リスクの選好とは，ある好機（メリットを得るチャンス）を追及するために，そこに存在するリスクを受け入れることを意味する．ケアのリスクマネジメントでは，基本的にこの考え方を採用しているといえる．ケアのリスクを避けたいならば，ケアにかかわらなければよいという考え方は理論的には正しいが，社会的に肯定されるものではない．われわれの生活はリスクに満ちたものであるという現実から目を背けてはならず，リスクの選好すなわちケアの実践は，事故や危険性を減らす努力の中で行われるべきであることを忘れてはならない．

③リスク源の除去

リスク源の除去とは，事故の原因となる要素を除去することであり，一般的なリスクマネジメントのイメージにもっとも近いと思われる．例を挙げると，足腰が弱ってきた高齢者の転倒を防ぐために住居場所の段差を解消することなどが該当する．

事故や問題発生の原因を取り除くというアプローチは，いっけん問題がなさそうにみえるが，多くの場合，事故原因には複数の要因が複雑に絡み合っており，簡単には取り除くことができない．また，事故原因の除去は別の問題を発生させることがある．たとえば，感染症を防ぐために面会を制限することは，利用者のQOL低下という問題の発生につながる．

④起こりやすさを変える

起こりやすさを変えるためのアプローチは，事故や問題発生の原因を完全になくすことができない場合に，発生の頻度を下げるための取り組みとして採用される．たとえば，嚥下障害のある高齢者の食事の前に口唇，舌，頬を動かすトレーニングを行うことにより，

誤嚥の危険性を低下させることなどが考えられる．このアプローチには，職員の知識・技術の向上を目指す研修なども含まれる．

　⑤結果を変える（ダメージを減らす）

　結果を変えるアプローチでは，事故の発生を防ぐことが困難な場合，事故の発生に伴うダメージを抑えるための工夫がなされる．たとえば，転倒が心配される利用者にヒッププロテクターやヘッドガードを使用するなど，ケアにおいてはさまざまなリスクが予想され，事故の発生を完全に防ぐことはできない場合，事故によるダメージを減らすためのアプローチは重要なものとなる．

　⑥他者とリスクを共有する

　他者とリスクを共有するアプローチには，保険契約を締結するなどの方法により，事故や問題発生による損害に対応することなどが含まれる．このアプローチはリスクを分散するという意味をもっている．

　以上の①〜⑥までのリスク対応の選択肢の中からどれを選ぶのがもっともよいかという問いに対する「一般的な正解」は存在しない．施設の管理者，リスクマネジメントの責任者，現場の担当者が真剣に話し合いを行い，施設の状況を考慮しながら，最終的な判断を下すことになる．とくに，⑥他者とリスクを共有するに際しては，ケアの現場の問題というよりは，経営レベルで判断すべき問題である．ケアにおける事故を100％防ぐことができないとするならば，リスク源の除去，起こりやすさを変える，ダメージを減らす，保険に加入する等のアプローチは非常に重要なものとなる．

3）事故を減らすための対応策のプランニング

　リスクへの対応策には上述したようにいくつかのアプローチの方法があるが，実際のケアにおけるリスクマネジメントでは，事故の防止・予防のための対応が中心となる．事故を減らすことを目的とするリスク対応のプランニングでは，①対応の目的設定，②取り組みの課題設定，③取り組みの内容検討，④実施期間の決定，⑤担当者（役割分担）の決定，⑥その他（準備品等）についての検討が行われる．以下では，ケアサービス事業所での事故防止のためのプランニングにおける①〜⑥までの6つの観点について，「誤薬への対応」の事例を活用しながら説明を行う．

　（1）誤薬対応事例の概要

　特別養護老人ホーム〇〇では誤薬が頻繁に発生したため，リスクマネジメント委員会を開催し，対応策を検討した．初めに，誤薬に関するヒヤリハット報告および事故報告を集計し分析することにより，誤薬の原因は単に看護師やケアワーカーの個人的な不注意によるものではなく，事業所における薬の取り扱い方法にあいまいな箇所やさまざまな問題が存在することが明らかになった．

　そのため，リスクマネジメント委員会では，事業所における薬取り扱いを適正に行い，誤薬を防止するために次のような検討を行った．①取り組みの目標を「誤薬をなくす」こととし，②取り組み課題を表4-11に示すように，「看護職における（薬の取り扱いの）現

表 4-11　①取り組みの目標「誤薬を減らすための取り組み」

②取り組みの課題	③取り組みの内容	④実施期間	⑤担当者	⑥その他
看護職における現状の把握	・看護師の薬の取り扱いについてタイムスタディ調査を行い，整理する	5月10日〜25日	看護主任A	調査票準備
介護職における現状の把握	・介護職員の薬の取り扱いについてタイムスタディ調査を行い，整理する	5月10日〜25日	介護主任B	調査票準備
薬の取り扱いにおける課題の明確化	・上の調査の結果，明らかになった課題を検討する	6月1日〜20日	A・B協同	調査結果を集計分析する集計ソフト
薬の取り扱いに関する基礎的な知識の確保	・薬の効果や危険性についての講義	6月25日	嘱託医Q	講義資料準備
薬の取り扱いマニュアルの作成	・薬の取り扱いマニュアルの作成	7月1日〜31日	A・B協同	他施設のマニュアルの事例

状の把握」「介護職における（薬の取り扱いの）現状の把握」，看護職と介護職の薬の取り扱いの現状整理に基づいた「薬の取り扱いにおける課題の明確化」「薬の取り扱いに関する基礎的な知識の確保」，効果的で実践的な「薬の取り扱いマニュアルの作成」と設定した．さらに，これらの課題に対応するための，③取り組みの内容検討，④実施期間の決定，⑤担当者（役割分担）の決定，⑥その他（準備品等）について検討を行い，誤薬予防のための対応策を決定した．

　誤薬への対応事例をまとめた表 4-11 は簡単に整理されているようにみえるが，実際には関係者間でさまざまな議論が積み重ねられ，このような結果に至ったものである．リスクマネジメント委員会等で協議・検討を行う際には，さまざまな意見が出て収拾がむずかしくなることも予想されるため，事故防止のための対応策の検討を行っていくうえで，議論を整理するために必要と思われるポイントについて説明する．

　①対応策のテーマ設定

　リスクマネジメントにおける事故の予防や事故によるダメージ軽減のための取り組みは広範にわたり，非常に複雑なものとならざるを得ない．そのため，取り組みの実践においては，事故予防対応の目的を一定程度絞り込んでおく必要がある．取り組みの目的は，リスクマネジメントにかかわる全員が取り組み内容をイメージし，協力し合いながら実行できるように，できる限りシンプルでわかりやすく設定することが望ましい．表 4-11 の事例では「誤薬対応のための取り組み」が取り組み全体のテーマとして設定されている．

　②取り組みの課題

　取り組みの目標を達成するために解決しなければならない問題が「取り組みの課題」として設定される．取り組み課題の設定では，取り組みの結果明らかな成果が期待できること，および取り組みの実行可能性が確保されていることが重要なポイントとなる．表 4-11 の例では「看護職における現状の把握」「介護職における現状の把握」「薬の取り扱

いにおける課題の明確化」「薬の取り扱いに関する基礎的な知識の確保」「薬の取り扱いマニュアルの作成」という 5 項目が具体的な課題として設定されている.

③取り組みの内容

　取り組みの内容検討では，課題を達成するためになにをどのように行うかについて，具体的な内容を検討する. この過程で注意しなければならないことは “課題解決” を目指すのではなく，“課題達成” を目指すということである. 課題解決を主要な目的とする取り組みでは，問題の解消を目指し，問題自体をなくしてしまうことを目指す. それに対して，課題達成を目標とする取り組みでは，関係する職員の成長を目指し，組織の潜在的な力を高めることにより，問題への対処能力の強化を目指す. リスクの定義の説明でもふれたが，リスク自体は決してなくなることはない. リスクマネジメントでは，リスクの存在を受け入れ，リスクへの対応能力を強化していくことが大切である.

　そのような観点から，表 4-11 では「看護職における現状の把握」という課題を達成するために，看護師の薬の取り扱いについてタイムスタディ調査を行い，整理するという取り組み内容を設定している. 同様に「介護職における現状の把握」の課題達成のために，介護職員の薬の取り扱いについてタイムスタディ調査を行い整理し，「薬の取り扱いにおける課題の明確化」の課題達成のために，明らかになった課題についての協議・検討を行う. また，「薬の取り扱いに関する基礎的な知識の確保」のために，嘱託医へ薬の効果や危険性についての講義を依頼する. さらに，「薬の取り扱いマニュアルの作成」という課題達成のために，担当者と実施時期を明記し協議検討を行うといった具体的な取り組み内容が示されている.

④実施期間

　対応策の計画立案では取り組みの実施予定日を明記する必要がある. ケアサービス事業所におけるリスクマネジメントへの取り組みは，ケアサービスが行われる限り永続的に行われるが，特定のテーマに関する取り組みの期間は明確に定めておく必要がある. 表 4-11 の事例では，5 つの課題項目ごとに実施予定日を定めている. 一般的には，食事介助や入浴介助などの業務改善やマニュアルの見直しに関係する取り組みは 2 〜 3 か月の取り組みで一定の成果を出すことができるが，「認知症の理解とコミュニケーションの強化」のような職員の育成や資質向上に関連する取り組みは半年から 2 〜 3 年と長期間を要することが多い.

　実施期間および実施予定日をどのようにとらえるかという点については，大きく 2 種類に分かれる. 1 つは，計画で定めた日程は関係者が協議して決めたものであり，その期限を守るために最大限の努力をしなければならないという考え方である. もう 1 つは，当初予定していたよりも取り組みが困難であったり，予定外の状況が発生したりした場合には，日程の変更を積極的に認めるという柔軟な対応を認めるものである.

　リスクマネジメントの取り組みの中で，当初定めた日程に従って計画を実行することは当然のことであり，期限を守るために努力することも至って当然のことである. ここで重

要なことは，どうしても当初予定していた期限を守れない場合の対応である．予定どおりに取り組みが進行しないことは問題であるが，"予定どおりに進行しなかった"という事実は取り組みの質全体をグレードアップさせる潜在的な可能性を秘めていることに注目する必要がある．当初の計画に無理があったのか，当初の計画を守れなくした原因は何であったのか，期限を守るためにはなにをすべきであったのか，という点を考えることにより，対応すべき新たな課題が明らかになることが予想される．日程は計画実行の進行管理に必要であるだけでなく，組織やチームの課題を明らかにするためのリトマス試験紙のような働きをすることにも注目しておく必要がある．

⑤担当者（役割分担）

取り組みの項目ごとに課題達成のための役割分担を行い，担当者を定めなければならない．担当者を配置する際には，担当者がなにを行うのかをしっかり決めておくとともに，責任と権限を明示しておくことが大切である．また，配置される担当者には課題に対応する能力を有していることが求められるが，時には何らかの事情で十分な力を発揮できないことがあるかもしれない．そのような場合に備えて，担当者に対するスーパーバイザーやアドバイザーの配置を検討しておく必要がある．

リスクマネジメントへの取り組みは，それ自体が担当職員の成長の契機となるものである．実際に，リスクマネジメントの取り組みで成果を上げている事業所では，事故防止策への取り組みの中で，職員が着実に成長していく姿をみることができる．

⑥その他（準備品等）

その他には，対応策の実践に必要な物品や準備品などが記載される．表 4-11 では看護職と介護職の薬の取り扱いに関する現状を調査するための調査票，アンケート結果の集計ソフト，勉強会のための講義資料，マニュアルを作成する際に参考とする他事業所の薬の取り扱いマニュアルを挙げている．これ以外にも，取り組み全体の中ではノートやサインペンなどの文房具や，扱いやすいピルケースの購入などが必要となることも考えられる．

4）実施計画書の様式例

事故防止のための対応策を検討した後，実施計画書を作成する．実施計画書の様式は事業所ごとに工夫してみるのがよいと思われるが，サンプルとして図 4-12 を示しておく．

6．計画（対応策）の実施

事故防止のための対応策を実施する際には，策定された計画を関係者間で共有することが大切である．そのためには，事前に職員間で計画を確認し合い，取り組みの目的，方法，期日，役割分担等について，しっかり情報共有を行っておく必要がある．すべての関係職員が計画をしっかり理解したうえで，プランに基づいて対応策を実施することになる．計画実施責任者であるリスクマネジャーは，計画が予定どおりに進められていることを確認するとともに，一部の職員に負担が偏っていないか，職員間の連携がスムーズに行われて

○○○○事業所　事故防止策実施計画書				
取り組みの目標				
実施期間	年　　月　　日 ～　　年　　月　　日			
取組課題	実施予定日	取り組みの内容（なにをどのように）	担当者	備　考
				必要物品等

図4-12　リスク対応プランのための様式の例

いるかという点についても気を配る必要がある．また，予想外のトラブルは発生していないか，課題対応のための実践に大きな影響を及ぼすような環境上の変化は生じていないかといった点についても配慮する必要がある．

　計画実施のプロセスでは，担当者が当初の予定どおりに対応策を実施していくことが理想的であるが，そのとおりには進行しない場合も多い．予定外の出来事が発生したり，不都合が生じたりして，対応策の実施に支障が出た場合には，次に示すモニタリングの中で対応していくことになる．

7．対応策実施におけるモニタリング

1）モニタリングの意義

　リスクマネジメントにおけるモニタリングの主要な目的は，基本的には事故防止策実施計画の実施状況を確認することである．介護保険制度のケアマネジメントにおいてもモニタリングを「居宅サービス計画の実施状況の把握（利用者についての継続的なアセスメントを含む）」[7]と定義しており，リスクマネジメントの場合とほぼ同様のとらえ方をしている．モニタリングの中で具体的にどのような項目をチェックするかについては，計画を策定する際に明らかにしておかなければならないが，全体としては，①課題への対応は計画に沿って実施されているか，②利用者の状況や職員の状況を含めて環境に大きな変化が生じていないか，という点について確認を行うことになる．

　①課題への対応は計画に沿って実施されているか

　モニタリングを行う中で，"取り組みが計画に沿って実施されているか"に関連して確認しなければならない重要な点は，第一に，担当職員は取り組みの目的と方法を十分に理解しているかということである．理解が不十分なままで取り組みを進めるとさまざまな問題が発生する原因となるため，目的と方法の理解を徹底する必要がある．第二に，モニタリングでは担当者が計画に示してある方法に従って実践しているかという点について確認する必要がある．いっけん計画に従って実践が行われるようにみえても，実際には担当者

が独自の判断で実践方法を変えていることがあるため，注意が必要である．そのような場合には，＜実践方法を変えたこと＞が問題となるのではなく，独自の判断で勝手に変更することが問題となる．第三に，進行状況の確認を行わなければならないが，計画と比べて取り組みの進行が速すぎる場合も，遅すぎる場合もその原因を探り，なにか問題が発生していないか確認を行うことが求められる．

②利用者の状況や職員の状況を含めて環境に大きな変化が生じていないか

1か月以内の短期間の計画であれば，環境上で大きな変化が生じることはめったにないが，半年以上にわたる事故対応の取り組みでは，時に利用者の心身の状況変化や職員の異動等により環境が大きく変化したり，問題がさらに悪化したりするような場合もありうる．環境上の大きな変化が，事故予防のための対応策全体に影響を及ぼし，計画の変更を余儀なくされる場合もあるため，そのような環境の変化が計画全体にどのような影響を及ぼすのかを慎重に見極め，必要に応じて新たな対応策を考えることが求められる．

２）モニタリングの要点

（1）定期的なモニタリング

モニタリングには，定期的に行うモニタリングと，なにか特別な状況が発生した場合に行うモニタリングとがある．定期的なモニタリングは計画の中に「モニタリング担当者」「モニタリング実施時期」「モニタリングで確認する内容（たとえば計画の進行状況など）」を定めたうえで実施する．計画に対して実践が速すぎる場合も，遅すぎる場合も，計画の実施時期が当初の計画からずれている場合は，その原因を明確にしておくことが大切である．計画よりも実践が速すぎる場合は計画で設定されている課題設定のレベルが低すぎた可能性があり，遅すぎる場合にも予想外の原因があると考えられ，それ以降の計画の修正を行う際に，実践が遅れた原因への対応策を盛り込んでおく必要がある．

（2）問題発生時のモニタリング

リスクマネジメントへの取り組みが計画どおり進行しているときは問題ないが，予定外の事象が発生して計画の実行に支障をきたした場合には，問題が発生した原因を明らかにする必要がある．リスクマネジメントへの取り組みの中ではさまざまな状況が予想されるが，その中でもとくに現れる頻度が高いのは，①取り組みのための時間の不足，②問題状況の変化，ということである．そのような問題発生時におけるモニタリングでは，以下のような点に留意することが望ましい．

①時間の不足

リスクマネジメントの実践に限らず，何らかの取り組みの中で職員が「時間が足りない」と言うときには，次の３つの可能性が考えられる．第一に，職場全体の業務の流れが悪く，重要でない作業に時間をとられたりする職場である可能性が考えられる．第二に，職員の能力や"やる気"に大きな差があり，一部の職員は必死になって取り組んでいるが，他の職員は積極的にかかわろうとしないというような，チームワークに問題がある場合が考えられる．第三に，本当に人手が不足しているといった場合がある．

　時間不足の原因が"要領の悪さ"や"チームワークの不足"にある場合には，業務の見直しやチームワークの強化に取り組む必要がある．これに対して，本当に人手が不足している場合には，問題はリスクマネジメントの方法ではなく，事業所の管理運営レベルの問題となる．この状況では，管理運営責任者はリスクマネジメントへの取り組みを中止またはレベルダウンするか，人手を増やすかのいずれかの選択を強いられることになる．リスクマネジメントへの取り組みの中で時間不足の問題がクローズアップされた場合は，以上のような点を踏まえながら，現状を把握したうえで適切な対応を行っていくことが求められる．

　②問題状況の変化

　日常の業務の中では予想外の状況の変化が生じる．取り組みを進めていく中でも同様に担当職員の業務上の異動や病気休暇，利用者の心身の状態の変化，感染症の発生等，さまざまなことが起こり得るが，これらのすべてを予測してその対応策を計画の中に組み込んでおくことは不可能である．したがって，予想外の事態が発生した場合には，そのつど事業所の管理者とリスク担当者が協議して，取り組みを継続するか，またはいったん中断するかを判断しなければならない．取り組みを継続するか否かの判断は，継続した場合と中断した場合のメリット・デメリットを総合的に評価した結果によって行われる．継続の場合でも，当初の計画をそのまま実行するということはないと考えられる．たとえば，事業所内に大きな転倒リスクを抱えた 2 人の利用者がいたため，転倒予防の取り組みを行っていたが，その 2 人の利用者が体調を崩して入院してしまったというような状況が起こるかもしれない．そのような場合には，いったん取り組みを中断する場合も継続する場合もある．仮に職員の教育訓練の要素を重視して継続すると判断した場合でも，計画自体は当初の計画とは若干異なったものへと変更する必要があると思われる．

　③モニタリングの視点

　モニタリングの際のチェック項目の中でとくに重要と考えられる「取り組みの成果」「日程」「時間」「目的の共有」「知識技術の不足」「業務の偏り」「その他」について表 4-12 に示す．

3）重層的なモニタリングの必要性

　ケアのリスクマネジメントにおけるモニタリングの特徴は，モニタリングを重層的に行っていく必要があるということである．介護保険制度のケアマネジメントにおけるモニタリングでは，ケアマネジャーがケアプランに記されているサービスごとに進行状況を確認するが，ケアのリスクマネジメントでは事業所内で，①担当者レベル，②現場の責任者レベル，③統括レベル，という重層的レベルによるモニタリングを行うことが重要になる．

　①担当者レベルのモニタリング

　担当者とは，事故防止のための対応策の中で，課題達成のための担当者（表 4-11 における⑤担当者）として配置される職員を意味する．担当者レベルのモニタリングでは，主に，計画実施にかかわる職員が取り組みの目的と方法を理解したうえで取り組みを進めているかという点と，対応策が当初の計画どおりに実施されているかという点を確認する．

表 4-12　モニタリングの確認事項

チェック項目	モニタリングの主な内容
取り組みの成果	・取り組みの成果が表れているかどうかを確認する. ・成果の中には，事故件数の減少だけではなく，職員の意識，問題へ対処する姿勢，チームワークなどが含まれる.
日　程	・取り組みは計画どおり進行しているか. ・計画どおり進行していない場合，その理由はなにか.
取り組み時間	・取り組みのための時間は不足していないか. ・不足している場合，その理由はなにか.
目的の共有	・取り組みの目的は全関係者に共有されているか. ・職員間の目的共有が不十分で，取り組みに不熱心な職員がいるとしたら，その理由は何か.
知識・技術の不足	・取り組みを進めるうえで職員の知識や技術は十分か. ・不十分であればどの部分を強化しなければならないか.
業務の偏り	・業務が一部の職員に偏っていないか. ・業務が偏っている場合どのように是正するのがよいか.
その他	・その他，急激な環境の変化により対応が困難となるような状況が発生していないか.

　②現場の責任者レベルのモニタリング

　現場の責任者レベルには，介護部門の課長・部長，看護部門の課長・部長，リスクマネジャー，等の役職者が含まれる．現場の責任者レベルのモニタリングでは，計画の進行状況を確認するとともに，業務が一部の職員に偏っていないか，担当者レベルの職員がなにか問題を抱えて悩んでいないかといった，現場の担当者をサポートする視点が求められる.

　③統括レベルのモニタリング

　統括レベルの管理者や施設長は，事業所内で発生する事故の最終責任者としての視点と，利用者の QOL を支えるというケアサービス事業所の目的を遂行する責任者としての視点という，2つの視点に基づいてモニタリングを行うことが求められる．また，統括レベルのモニタリングでは，計画に対する実践の遅れや当初の予定外の課題の出現に一喜一憂せず，事業所全体として，バランスのとれたリスクマネジメントを目指していく必要がある.

4）モニタリングに基づいた計画の修正

　モニタリングの結果に基づき，必要に応じてプランの日程や方法について計画の調整を行わなければならない．計画全体に大きな支障がない限り一部の微調整ですむが，重大な障害が発生した場合にはプラン全体の見直しが必要となる．当初予想していなかったような重大な問題が発生した場合には，取り組みの中止を検討することもある.

8．対応策実践の効果評価

1）プログラム評価

　事故予防のための対応策を実施した後，取り組みの評価を行うことになる．評価の手法

図 4-13　プログラム評価

はさまざまであるが，一般的には図 4-13 のようなプログラム評価の手法が用いられる．

　プログラム評価の中で，インプット評価はプログラムを開始する前の条件に関連して，予算，人員配置，必要物品の準備，場所の確保が適切であったか，等についての評価を行う．次のプロセス評価では，計画の実施状況についての評価を行う．具体的には，取り組み目標と方法の共有，プログラム進行と役割分担，日程の管理，取り組み経過の記録，職員相互の協力体制などについての評価を行う．アウトプット評価では，取り組みの直接的な結果として現れた事故発生率の減少，職員の意識の向上などの成果を評価する．アウトカム評価においても成果の評価を行うが，アウトプット評価では取り組みの直接的な影響を評価するのに対して，アウトカム評価では利用者の QOL や満足度，地域社会からの評価の向上など，外部の要因も含めた総合的な成果を評価することになる．事故防止のための対応策への取り組みの評価は，以上のようなプログラム評価の手法に基づいて行われるが，ケアリスクマネジメントの実践では，「プロセス評価」と「成果評価」という 2 つの観点から評価を行うことが多い．以下では，「プロセス評価」と「成果評価」を行う際の一般的な留意点について解説する．

2）プロセス評価の留意点

　プロセス（過程）評価は，事業の目的や目標の達成に向けた過程（手順），活動状況を評価するものである．具体的な評価の視点としては，事故の発生状況に関する，①アセスメント，②問題の分析，③目標の設定，④計画の策定，⑤事故予防のための対策の実施状況，⑥職員間の協力体制，⑦情報共有の状況，⑧職員の意識の変化，⑨事故発生率の減少など取り組みの結果生じた影響，⑩記録の状況，などを挙げることができる．

　リスクマネジメントの成果評価では，たとえば，事故の発生率の減少といった評価指標では短期間での大きな改善は望めない．それに対してプロセス評価では，情報の共有や職員の取り組みに関する意識など，比較的短期間での成果が期待できる場合があるため，リスクマネジメントの取り組みの成果を職員間で共有するうえでは，有効と考えられる．

（1）アセスメント

　プロセス評価では，そもそも事故予防の取り組みに関連して十分なアセスメントが行われたかを確認しなければならない．十分なアセスメントが実施されていた場合，アセスメントの方法は有効であったか，アセスメントの結果得られたデータは有効であったか等について評価する．

（2）問題の分析

　事故に関連する問題点の分析では，事故の背景に存在する要因を探り出すことに努める．実際に事故の要因分析を行うプロセス評価では，事故の要因分析の手法が適切であったかを検討するとともに，分析の結果明らかになった要因の妥当性・有効性，等について評価する．

（3）目標の設定

　リスクマネジメントでは，アセスメント情報を分析して事故の背景要因を明らかにしたうえで，その要因へ対応するための目標が設定される．そのため，目標設定に関するプロセス評価では，目標が事故の背景要因に適切に対応しているかを確認するとともに，その目標の妥当性（有効性，レベル設定の適切さ）等について評価する．

（4）計画の策定

　プランニングに関する評価では，計画における目標と対応策，実施時期（日程），担当者，等の適切性についての評価が行われる．また，計画の策定に関する評価では計画が目標の達成のために有効であったか，目標を達成するために利用可能な資源（ヒト，モノ，カネ，等）が効果的に活用されていたかについても検討を行う．

（5）事故予防のための対策の実施状況

　実施状況の評価では，計画に従って対応策が実施されたかを確認する．主に実施時期が計画に沿ったものであったか，計画で予定していた役割分担の遂行が適切なものであったかについて評価することになる．計画どおりに実施されていない場合は，その原因を分析する必要がある．

（6）職員間の協力体制

　この評価項目は本来「対策の実施状況」に含まれるものであるが，取り組みのプロセスを評価するうえでは重要な項目と考えられるために，あえて別に項目立てをしている．協力体制の評価では，緊急時や問題発生時の職員相互のサポートと，適切な情報の共有が重要な視点となる．

（7）情報共有の状況

　情報共有もまた，協力体制と同様に「対策の実施状況」に含まれる項目であるが，とくに重要な項目であるために，あえて別に項目立てをしている．共有される情報には，計画の目的と実施方法，取り組みに関係する利用者情報，その他関連するさまざまな情報が含まれる．

（8）職員の意識の変化

　職員の意識は状況の変化に応じて多様に変化していく．リスクの状況が好転し，職員同士の連携が強化されるときは，職員の取り組みに対する意識はよい方向へと向かい，より一層の成果を生み出すための基盤を強化する．それに対して，まったく成果が上がらないとき，徒労感が強いときには職員の取り組みに対する意識は低下し，上司と職場に対する不満が高まることになる．

（9）記録の状況

リスクマネジメントのプロセス評価は，基本的には記録に基づいて行われる．アセスメントに関する記録，課題分析とプランニングに関する記録，事故防止のための対応策の実施状況に関する記録，さらには利用者や家族に関する記録等，リスクマネジメントのプロセスにかかわるすべての記録が評価の対象となる．そのため，いつ，どこで，だれが，どのような様式で記録を行ったかという記録の方法と内容に関しても，評価を行うことが大切である．

3）成果評価の留意点

ケアリスクマネジメントにおける成果評価では，取り組みの結果，①事故発生の状況にどのような変化が現れたかという点に焦点をあてて評価を行うが，評価の対象はそれだけにとどまらない．取り組みのポジティブな側面の評価の基準としては，②利用者の QOL の向上，③職員のスキルアップ，④職員のモラールの向上，⑤チームワークの向上，などが挙げられる．

ここで注意しなければならないことは，成果評価は取り組みの結果生じたプラスの側面だけに限らないということである．取り組みの結果の中には，業務への支障，職員間の協力体制の不備といったネガティブな影響もあり得るということを忘れてはならない．

（1）事故発生の状況

事故の発生を防ぐための取り組みの成果を測定するうえでは，事故発生率の変化は重要であり，事故発生率の減少は取り組みの明確な成果としてとらえることができる．しかし，事故発生の状況に関する評価の視点はそれだけには限らず，事故の発生によって生じるダメージの大きさもまた重要な成果指標となる．事故の発生率は大きく変化しなかったが，事故の結果に変化が現れることがある．利用者の転倒の頻度は大きく減少したわけではなかったが，転倒による骨折はゼロになったというような例を挙げることができる．

（2）利用者の QOL 向上

リスクマネジメントの結果，利用者の QOL が低下しては本末転倒となってしまう．したがって，リスクマネジメントの成果を評価する際には，リスクマネジメントへの取り組みが利用者の QOL にどのような影響を及ぼしたのかという点からの評価は非常に重要なものとなる．QOL の向上と事故防止の取り組みは，時として相反する取り組みのようにとらえられることもあるが，そのような考え方をリスクマネジメントの前提とすることは明らかな誤りである．図 4-14 に示すように，「ケアの質向上」「QOL の向上」「事故の防止」は，それぞれ相反する要素ではなく，相互に支え合う関係として理解することができる．このような考え方に基づいたアプローチをクオリティインプルーブメントとよび，ケアのリスクマネジメントではケアの質向上並びに QOL 向上と，事故の防止を一体的にとらえていくことにより，新たな展望が開かれることになる．

（3）職員のスキル向上

ケアサービス事業所内でリスクマネジメントに真剣に取り組むことは，職員の資質向上

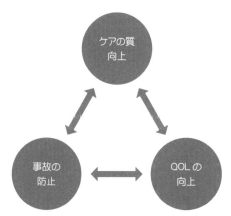

図 4-14　クオリティインプルーブメント

につながる．事故の背景要因を判定して要因を解消することを目指す取り組みは，利用者と利用者を取り巻く環境へのアセスメントの力を強化し，問題の分析能力と問題への対処能力を高める可能性を秘めている．職員がリスクに真剣に向き合い，職員相互にサポートし合い，さまざまなことへのチャレンジを継続していくならば，リスクマネジメントが職員のスキル向上につながっていくと考えられる．

（4）職員のモラール向上

　職員のモラールとは職員の士気（やる気）を意味する．誤ったリスクの理解と誤った方法によるリスクマネジメントでは，決して取り組みの成果は現れず，事故防止のための取り組みは職員に「モグラたたき」を永遠に続けるような徒労感を生じさせることになる．そのような状況では，職員のモラールは確実に低下していくことになる．これに対して，リスクの正しい理解と方法論に基づいたリスクマネジメントは一定の成果を導き出すため，職員のやりがいを高め，最終的には職員全体のモラールを高めることができる．

（5）職員のチームワーク向上

　職場におけるチームワークの良し悪しは情報の共有，仕事を行う際の協働の体制，職員研修やスーパービジョンなどの研修指導の体制によって大きく変わる．ケアサービス事業所におけるリスクマネジメントで成果を上げるためには，職員のチームワークが必須の条件となる．リスクマネジメントへの取り組みの結果，事故やヒヤリハットの発生件数が急激に低下しなかったとしても，チームワークの向上は必ず事故の減少に結びついていくと考えられる．

（6）その他

　リスクマネジメントへの取り組みの成果は，これまで示してきたこと以外に，家族や地域からの評価の向上や，職場の業務システム改善の契機となり得るなど，さまざまな成果につながる可能性がある．

9．取り組みの成果の共有とマニュアルへの反映

　リスク対応に関する取り組みの成果は，全職員で共有されることにより，次の段階の取り組みのための重要な契機となる．リスクマネジメントの結果として共有されるべき成果には，先述したプロセス評価と成果評価の内容が含まれる．それらの成果をマニュアルや業務手順書に反映させ，次の段階の取り組みへ進んでいくためには以下の点に配慮していくことが大切である．

1）プロセス評価と成果評価の共有

　リスクマネジメントの成果を関係職員全員で共有するということは，単に事故の発生件数の減少を確認するというだけではない．上述したように，プロセス評価の結果としての，①アセスメント，②問題の分析，③目標の設定，④計画の策定，⑤事故予防のための対策の実施状況，⑥職員間の協力体制，⑦情報共有の状況，⑧職員の意識の変化，⑨記録の状況に関する評価を，成果評価の結果としての，①事故発生の状況，②利用者の QOL の向上，③職員のスキルアップ，④職員のモラール，⑤チームワークの向上の状況に関する評価結果をそれぞれ整理して，関係者全員で共有することが大切である．

2）評価結果の活用

　リスクマネジメントへの取り組み成果の評価は，どれだけ事故の発生率が減少したかを確認するための機会となる．しかし，取り組みの評価結果を事故発生状況の確認だけにとどめるだけでは評価の価値を十分に生かしたことにはならない．評価結果は，リスクマネジメントの次の段階の取り組みの目的や方法を検討する際の貴重なデータとなり得ることに注目する必要がある．また，リスクマネジメントのプロセス評価と成果評価の結果をよく吟味することにより，事業所内の組織体制や研修体制，さらには環境整備の問題等に焦点をあてるよい機会ともなる．2～3年の中期的な視点に立つと，リスクマネジメントの評価は事業所における基礎的な力を強化し，レジリエンスを高めるためのデータを獲得する機会となる．

3）実践の成果をマニュアルに反映する

　ケアサービス事業所において，ケアに関連するマニュアルがまったく存在しないということは考えられないが，ケアサービスの実践の中でマニュアルがほとんど活用されていない状況はあり得る．マニュアルを使わなくても日常のケア業務はこなすことができるが，そのようなやり方ではケアの知識・技術を体系的に積み重ねて事業所全体のケアの質を高めていくことは困難となる．とくにリスクマネジメントにおいては，ケアのアプローチ方法を共有しケアチーム全体で取り組んでいく必要があるため，マニュアルを効果的に活用していくことが重要になる．以下においては，リスクマネジメントにおけるプロセス評価と成果評価の結果，ケアの方法に問題があることが明らかになった場合について検討する．

　リスクマネジメントへの取り組みの中で，マニュアルに問題があることが明らかになった場合，単にマニュアルを修正すれば問題が解決するというケースは多くない．多くの場

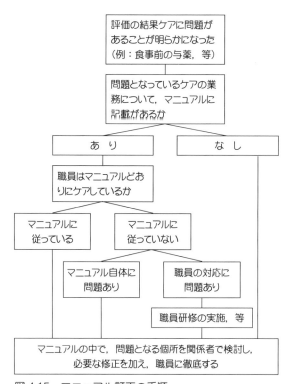

図 4-15　マニュアル訂正の手順

合，職員のマニュアルに対する考え方が統一されていないなどの問題が背景にあるために，マニュアルの表記を一部修正しただけでは問題は解決しないという状況に陥る．そうした状況に適切に対応しながら，マニュアルの整備を進めていくうえでの基本的な考え方を図4-15に示した．

　図4-15では，リスクマネジメント実践の中で「食事前の与薬の方法」に問題があることが明らかになったという仮定で対応の手順を検討している．この場合，はじめに確認しなければならないのは，「食事前の与薬」に関するマニュアルがあるかということである．その業務に該当するマニュアルがない場合や，あったとしても詳細なマニュアルではないために業務で使えないといった場合には，問題となっている箇所（食事前の与薬）について，ケアワーカーと看護師が協議して適切な与薬の方法をマニュアルとして明記し，職員に徹底することになる．

　これに対して，マニュアルがあるにもかかわらず，問題が発生している場合は対応が少し複雑になる．マニュアルがある場合は「職員はマニュアルどおりにケアしているか」という点が次の問題となる．もしも，ケアワーカーがマニュアルに従って与薬を行っているにもかかわらず問題が発生しているのであれば，マニュアルに問題があると考えられるため，関係者で協議してマニュアルを修正することになる．これに対して，職員がマニュアルに従っていない場合には，マニュアル自体に問題がある場合と，職員に問題がある場合

とに分かれる．マニュアルに問題がある場合には，問題箇所を修正し，職員に徹底することが求められる．職員がマニュアルをよく理解していなかったり，現場の職員の勘と経験でマニュアルを無視したりしているような場合には，職員研修を実施してマニュアルの意義を周知徹底することや，それまで現場で行われてきた方法のメリットとデメリットを明らかにするための取り組みを行う必要がある．いずれの場合であっても，最終的にはマニュアルの中で問題がある箇所を修正し，職員全員に徹底していく必要があるが，マニュアル自体の適正さの問題や，職員自身のマニュアルについての考え方が大きな影響を及ぼすことを忘れてはならない．

10. リスクコミュニケーション

　ケアにおける「リスクコミュニケーション」とは，利用者，利用者の家族，職員，地域住民，関係機関の担当者がさまざまなリスクに関する情報を共有し，介護事故や災害などに適切に対応していくためのコミュニケーションを意味する．リスクコミュニケーションで取り扱われる情報にはリスクの内容に関するものと，リスクへの対応や管理に関するものとが含まれる[8]．

　ケアに直接かかわるリスクコミュニケーションでは，事業所の担当者はサービス利用開始の時点で，利用者や家族に対して，介護事故やインシデントの発生の可能性，万が一事故が発生した場合の対応方法，について情報提供を行っておく必要がある．ケアサービスにおけるリスクコミュニケーションは事故やインシデントが発生する前から始まっており，さらに，事故が発生した後の経過説明，謝罪，さらには賠償に関する交渉の経過まで含まれる．また，火災や地震，水害といった自然災害の発生に備えた，地域住民との連携・協力体制構築のための関係者との事前の連絡調整なども，リスクコミュニケーションに含まれる．利用者の家族，地域住民とのリスクコミュニケーションにおいては，広報誌やさまざまな地域交流の場面を活用しながら，施設側から積極的にリスクに関係する情報を提供していく必要がある．

　リスクコミュニケーションと近い考え方としてクライシスコミュニケーション[9]が挙げられる．クライシスコミュニケーションは戦争や紛争などの危機的な状況において，組織の存続のために情報を管理し，コントロールすることを目指す．これに対して，リスクコミュニケーションでは，都合の悪い情報であっても隠したりコントロールしたりせず，プライバシーに関する情報など一部の特別なものを除き，リスクに関するすべての情報を関係者間で共有することを目指す．

【注】
(1) 組織風土という言葉は，①組織における風通しのよさや意思疎通のとりやすさ，コミュニケーションの傾向，②仕事に取り組む姿勢の共通点（やる気がある，やる気がないなど）などを意味する．

【参考・引用文献】
1) エリック・ホルナゲル(小松原明哲監訳):社会技術システムの安全分析 FRAM ガイドブック. 8-12, 海文堂出版, 東京 (2013).
2) シドニー・デッカー (小松原明哲, 十亀 洋訳):ヒューマンエラーを理解する;実務者のためのフィールドガイド. 31-38, 海文堂出版, 東京 (2010).
3) 前田正一, ほか:介護サービスのリスクマネジメント. 16-18, 介護労働安定センター, 東京 (2006).
4) 飯田道子：質の高いケアマネジメント. 70-79, 中央法規出版, 東京 (2004).
5) 石川雅彦:RCA 根本原因分析法実践マニュアル第 2 版;再発防止と医療安全教育への活用. 96-123, 医学書院, 東京 (2012).
6) 河野龍太郎：医療におけるヒューマンエラー. 52-54, 医学書院, 東京 (2004).
7) 厚生省令第三十八号,「定居宅介護支援等の事業の人員及び運営に関する基準」, 第十三条十四
8) 吉川肇子：リスク・コミュニケーション. 地盤工学会誌 土と基礎, 50(9):1-3 (2002).
9) 吉川肇子：＜解説特集:夏の学校 - リスク・コミュニケーションに学ぶ＞リスク・コミュニケーション. 保健物理, 32(4):485-490 (2000).

第5章

ケアのレジリエンス
強化に向けて

1．リスクマネジメントの基本的なアプローチとその限界

1）リスクマネジメントのプロセス

　基本的なリスクマネジメントの取り組みは，第4章「ケアリスクマネジメントの一般的な方法」で示したように，①リスクマネジメントのための組織体制の整備，②リスクアセスメント，③リスク評価と取り組みの優先順位の検討，④事故の原因分析，⑤事故防止のための対応策の検討，⑥計画（対応策）の実施，⑦対応策実践におけるモニタリング，⑧対応策実践の効果評価，⑨取り組みの成果の共有とマニュアルへの反映，⑩リスクコミュニケーション，という各段階の取り組みから成り立つ．このリスクマネジメントの取り組みは，表5-1に示すように，組織体制の整備（①），リスクのアセスメント・分析（②③④），リスク対応のプランニング（⑤），リスク対応の実践（⑥），リスク対応の評価・修正（⑦⑧⑨）として整理することができる．なお，リスクコミュニケーション（⑩）は，①〜⑨の各段階の全体をとおして行われることになる．

　図5-1は，表5-1で示したリスクマネジメントのプロセスを図で示している．

2）リスクマネジメントの効果と限界

　図5-1に示すような一般的なリスクコントロールを目指すリスクマネジメントは，一定の成果を上げることはできるが，多くのケアの現場では期待どおりの成果を上げることに困難を感じている．取り組みが不十分であったり，取り組みの方法を職員に徹底できたりしていない場合には，ほとんど成果が上がらないということも多い．リスクマネジメントへの取り組みが困難となる理由としては次のようなものが考えられる．

　①事故原因は1つではなく，さまざまな要因が複雑に絡み合っているため，事故の原因を特定することが困難なことが多い．

　②事故原因の特定が困難または誤っている場合は，事故の防止は被害の軽減のための適切な対応策を立案することができない．

　③事故の原因を特定し，対応策を立案しても，その対策案を関係者がしっかり共有していない場合には，十分な効果は期待できなくなる．

表5-1　リスクマネジメントのプロセスの整理

A. 組織体制の整備	① リスクマネジメントのための組織体制の整備
B. リスクのアセスメント・分析 　　（SHELL 分析，RCA 分析等）	② リスクアセスメント ③ リスク評価と取り組み優先順位の検討 ④ 事故の原因分析
C. リスク対応のプランニング 　　（5W1H を基本とする）	⑤ 事故防止のための対応策の検討
D. リスク対応の実践 　　（リスクコントロール，リスクファ 　　イナンス，等）	⑥ 計画の実施 　（業務調整，マニュアル見直し，職員研修， 　保険対応，等）
E. リスク対応の評価・修正	⑦ 対応策実践におけるモニタリング ⑧ 対応策実践の効果評価 ⑨ 取り組みの成果の共有とマニュアルへの反映
F. リスクコミュニケーション	⑩ リスクコミュニケーション 　（関係者全員の情報共有）

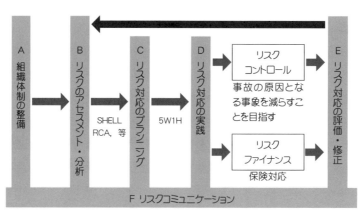

図 5-1　一般的なリスクマネジメントのプロセス

④リスクマネジメントに関係する職員全員が"リスクマネジメントの意義と方法論"を
しっかり理解していないと，事故が減らないだけでなく，職員の負担感だけが増大し，
職員のチームワークやモラール（士気）の低下をもたらす可能性がある．

　これらの，リスクマネジメントの成果を阻害する要因に関する研究は，これまでほとん
ど行われてこなかった．このような問題状況に対処することを目的に，筆者は 72 の介護
事業所における，リスクマネジメントへの取り組み状況と，事故発生状況の関連性につい
て調査を行っている．

3）リスクマネジメントの限界を示す研究

　筆者は，ケアサービス事業所で頻繁に発生している事故について，転倒，原因不明の傷，
皮膚疾患，疼痛，薬の誤配，誤嚥誤飲，等，全部で 97 の項目に整理し，それらの事故の発
生頻度について調査を行った．合わせて各事業所で取り組んでいるリスクマネジメントへの
取り組み項目を「組織体制の整備」「外部連携」「研修体制」「リスクアセスメント」「記録活

表 5-2　リスクマネジメントへの取り組みと事故の発生率の相関

事故の種類＼取り組み	組織体制	外部連携	研修体制	リスクアセスメント	記録活用	要因分析	対応検討	対応実践	リスクコミュニケーション	保険対応
利用者トラブル	-0.11	0.13	0.12	0.12	0.00	-0.03	-0.13	-0.03	0.07	-0.30*
疼痛	-0.19	-0.35*	-0.16	-0.19	0.03	-0.01	-0.06	0.01	-0.07	0.06
転落	-0.15	-0.12	-0.06	-0.12	0.07	0.12	0.21	0.29*	0.09	0.23
異食	-0.17	0.10	0.02	0.10	0.08	-0.20	-0.25	-0.09	0.05	-0.31*
デイ送迎時	-0.16	0.00	-0.13	0.10	0.07	-0.24	-0.31*	-0.17	0.03	-0.32*
経管栄養	-0.10	-0.04	-0.22	-0.08	-0.17	0.12	-0.07	-0.18	-0.32*	-0.05
バイタルサイン	-0.19	-0.28*	-0.02	-0.15	0.06	-0.07	-0.09	0.06	-0.06	0.04
褥瘡	-0.04	-0.01	0.17	0.15	0.00	-0.01	-0.11	-0.03	-0.01	-0.50**
栄養障害	-0.20	-0.24	0.12	0.08	0.35*	0.34*	0.19	0.35*	0.12	0.22
利用料トラブル	-0.05	-0.04	0.06	0.14	0.33*	0.34*	0.29*	0.37**	0.22	0.39**
酸素	-0.13	0.08	-0.09	0.09	-0.11	-0.19	-0.25	-0.20	0.01	-0.44**
ノロウイルス	0.13	0.32*	0.15	0.27	0.14	0.03	-0.02	0.05	0.17	0.08

用」「要因分析」「対応実践」「リスクコミュニケーション」「保険対応」「運営課題対応」として，それぞれの項目への取り組みの状況についての自己評価についても調査を行った．この取り組み状況の自己評価については，ケアサービス事業所の全職員に「4：十分に取り組んでいる」「3：概ね取り組んでいる」「2：あまり取り組んでない」「1：取り組んでいない」という 4 つの選択肢の中から選んでもらい，事業所の平均点を算出している．この「事故発生率」と「リスクマネジメントへの取り組みの自己評価」の相関を示したものが表 5-2 である．

　表 5-2 では，79 の事故項目のうち利用者にかかわる事故で事故発生率と取り組みへの自己評価が有意な値を示した 12 の事故項目だけを示している．表 5-2 のような相関表はわかりにくいところがあるかもしれないが，重要な点を整理すると以下のようになる．

・「組織体制」と「研修体制」「リスクアセスメント」の実施状況は，「事故の発生率」に大きな相関関係はみられない．

・「外部連携」が相対的に多く行われている場合は，「疼痛」や「バイタルサイン」への対応では負の相関がみられるが，ノロウイルスに関しては正の相関がみられる．この結果は，外部連携が疼痛やバイタルサインの問題へよい影響を及ぼし，ノロウイルスに関しては悪影響を及ぼしているようにみえるかもしれないが，相関は因果関係を表すものではないため，そのように断定することはできない．

・「記録活用」と「要因分析」への取り組みは，「栄養障害」「利用料トラブル」と正の相関がみられる．

・事故への「対応検討」は「デイサービス送迎時（の事故）」と負の相関がみられる．この点については，対応の検討を行うことでデイサービス送迎時の事故発生率が減少すると解釈できるが，相関係数だけでは断定できない．また，「対応検討」と「利用

料トラブル」には正の相関がみられている点についても，一定の解釈は可能であるが断定は避けなければならない．

・「対応（策）実践」は「転落」「栄養障害」「利用料トラブル」と正の相関がみられる．この点に関しても，対応（策）の実践が転落，栄養障害，利用料トラブルを引き起こすというより，転落，栄養障害，利用料トラブルという事故の発生が何らかの対応（策）の実践が必要になるという状況が推測される．しかし，これまで述べてきたように相関関係から因果関係を導き出すことはできないという点に留意する必要がある．

・「リスクコミュニケーション」と「経管栄養（への対応）」に関しては負の相関になっている．

・「保険対応」は「利用者トラブル」「異食」「デイサービス送迎時（の事故）」「褥瘡」「酸素（への対応）」と負の相関にあるが，「利用料トラブル」とは正の相関がみられる．

以上の分析結果の結論だけを簡単にまとめると，「ケアのリスクマネジメントにおけるリスクアセスメント，要因分析，対応検討，対応実践，記録活用，研修システムの整備や記録の活用という取り組みは，事故の発生率に大きな影響を及ぼしていない可能性がある．仮に影響を与えていたとしてもそれは限定的なものである」と整理することができる．

このような結果が生じた理由には2つの答えが考えられる．1つ目は，リスクマネジメントへの取り組みが不十分であり，不完全であった可能性が考えられる．リスクアセスメント，要因分析，対応検討，対応実践の各プロセスについて，一応，取り組みを行っているが，取り組みの方法をよくわかっておらず，不十分で，職員に対する周知徹底が十分に行われていなかった場合は，いくら時間と人手をかけても十分な成果を期待することは困難である．2つ目は，これまで示してきたリスクマネジメントのプロセスだけでは構造的にケアのリスクに十分に対応できない可能性である．A-組織体制の整備，B-リスクアセスメントと分析，C-リスク対応のプランニング，D-リスク対応の実践，E-リスク対応の評価・修正，F-リスクコミュニケーション，というリスクマネジメントのプロセスは，工場，交通産業，エネルギー産業などにおける工学系の研究の中で開発されてきたという歴史的な背景を有している．そのため，ケアサービスのような人間に直接かかわる複雑で入り組んだシステムへは完全に対応できない可能性が高い．

以上，統計的なデータに基づいてケアのリスクマネジメントの効果には限界があることを示したが，リスクマネジメントへの取り組みが不要ということを証明しようとしているのではないことを断っておきたい．実際に，これまで実施されてきたさまざまなリスクマネジメントへの取り組みの事例をみると，誤薬への対応，自動車事故への対応，利用者の栄養障害への対応などでは，取り組みの内容がしっかりしていると明確に事故の発生率が低下することが示されている．したがって，ケアのリスクマネジメントは，その場しのぎで行き当たりばったりの対処方法では成果を上げることができず，関係者が事前によく話し合い，目的や方法論を関係者全員が共有しながら取り組むことで，初めて効果を上げられるということを確認しておきたい．また，ケアにおけるケアワーカーと利用者のケア関

係を維持し，ケアの質とリスクマネジメントとのバランスをとれるような，ケアのリスクマネジメントに関する包括的な理論が必要になっていることも指摘しておきたい.

2．新たなリスクマネジメントへのアプローチ

1）セーフティ I の意義と限界
　これまで，リスクマネジメントの基本形として「組織体制の整備～リスクアセスメント～リスク評価～事故の原因分析～対応策の検討～計画の実施～モニタリング～効果評価～成果の共有とマニュアルへの反映」という各段階の流れと全体をとおしてのリスクコミュニケーションの重要性を示してきた．E・ホルナゲルというデンマークのリスクマネジメント研究者はこれまで用いられてきた一般的なリスクマネジメントへのアプローチを「セーフティ I（Safety- I）」とよび，これから求められる新たなリスクマネジメントへのアプローチを「セーフティ II（Safety- II）」とよんでいる．ホルナゲルの指摘によるならば，第 4 章および第 5 章の表 5-1，図 5-1 で説明してきたリスクマネジメントは「セーフティ I」のアプローチに属するということができる.

　これまで説明してきたリスクマネジメント（セーフティ I）の取り組みは，ケアリスクマネジメントにおける基本的な枠組みであり，基本的な仕組みを理解したうえでていねいに取り組むならば一定の成果を期待することができる．しかし，実際にはおのおのの段階の取り組みはそれほど簡単ではない．取り組みのプロセスはいっけん簡単そうにみえるが，実際にはかなり複雑な要素を含んでおり，多くの実践上の困難を伴うことは，既述してきたとおりである．さまざまな困難を乗り越えて効果的にセーフティ I によるリスクマネジメントを実践していくには，以下の 4 点に十分に注意し，対応を行っていく必要がある.
　①プロセスの各段階について，手抜きせずていねいに取り組んでいくこと.
　②原因分析の手法を用いて，複雑に絡み合う事故の要因を 1 つひとつていねいに解きほぐすこと.
　③リスクマネジメントでは取り組みを開始してすぐには成果がでないことを理解すること.
　④全職員がリスクマネジメントの目的と方法をしっかり理解し，互いに協力し合うこと.
　指摘した 4 つの留意点には，一部セーフティ II の考え方を含んでいる．セーフティ II の考え方は，初めて読む人には少しわかりにくいところもあるが，先に筆者が指摘したケアリスクマネジメントの課題と限界を乗り越えさせてくれる可能性を秘めている点に注目する必要がある．そのような可能性に留意しながら，セーフティ I とセーフティ II の詳細を確認していく.
2）リスクマネジメントの新しいパラダイム
　これまで述べてきたリスクマネジメントでは，リスクの原因を特定し，リスク発生のメカニズムを明らかにし，事故発生の可能性を減らすという手法がとられていた．このようなこれまで行われてきた一般的なアプローチについて，ホルナゲルは，セーフティ I の考

え方によるリスクマネジメントであるとしている.

　セーフティⅠによるリスクマネジメントは,組織的な不統一や,職員の"誤り""手抜き"を明確に示し,その問題への対応策を検討することにより,事故の発生率を抑制することを目指す.また,組織の統合性を高め,業務の効率性や効果意識を高めることにより,職員のモラールの向上を促すという側面も有する.

　しかし,ホルナゲルらは,セーフティⅠのアプローチでは事故発生を因果関係の系列でとらえ,いくつかの原因の組み合わせにより事故発生のメカニズムを説明しようとするところに,根本的な限界が存在するとしている.たとえば,「ある利用者の転倒事故」へのセーフティⅠの考え方を応用してみてみると,次のようになる.

　ある利用者の転倒事故の原因に関して,事故発生時に勤務していた職員から詳しく事情を聞いた後,リスクマネジメント委員会の担当者が事故の要因分析を行うことにより,次の 10 個の要因が明らかになったとする.

- ・身体状況：①右下肢麻痺による歩行困難
- ・精神状況：②中等度の認知症
- ・服薬の状況：③眠剤服用,④精神安定剤服用,⑤パーキンソンの薬服用
- ・介護職員の状況：⑥当日は病休者が 2 人いた,⑦ベテラン職員は他の利用者にかかりきりであった,⑧すぐ傍にいた職員は勤務 2 週間目の新任職員であった
- ・照明の状況：⑨新任職員は夕方になって点灯のスイッチを入れることを理解していなかった
- ・床の状況：⑩直前に水拭きをしたばかりで床が濡れていた

　セーフティⅠのアプローチでは,これらの事故に関連する 10 個の要因について事故防止のための対応策を検討することになる.そして,この 10 個の要因について,それぞれケアワーカーとしての対応のあり方を検討し,対応策を立案したとする.ところが,これから先この 10 個の条件がすべてそろって事故が発生する可能性はかなり低いと考えられる.このことは,基本的にはセーフティⅠの方法は後追い(リアクティブ)であり,なにか問題が発生した後,その問題に対処するという「モグラたたき」のような状態に陥ってしまう可能性がある.とはいえ,セーフティⅠのアプローチにおいて,ケア担当の職員は多くの場合,応用力や適応力をフル活用してリスクマネジメントに取り組むため,理論的に考えるより大きな成果を上げることが期待できる可能性もある.

　ホルナゲルは,セーフティⅠのリスクマネジメントを全面的に否定するのではなく,セーフティⅠの抱える問題点を補うために,もう 1 つ別のアプローチが必要であるとして,表 5-3 に示すようなセーフティⅡの考え方[1]を提示している.

　ホルナゲルはセーフティⅠとセーフティⅡの違いについて以下のように説明している.「安全」について,セーフティⅠでは「失敗の数が可能な限り少ないこと」とするのに対して,セーフティⅡでは「成功の数が可能な限り多いこと」としてとらえる.また,安全管理の原理についてセーフティⅠでは「受動的で,なにか許容できないことが起こったら対応す

表5-3　セーフティⅠとセーフティⅡ

	セーフティⅠ	セーフティⅡ
安全の定義	失敗の数が可能な限り少ないこと	成功の数が可能な限り多いこと
安全管理の原理	受動的で，何か許容できないことが起こったら対応する	プロアクティブで，連続的な発展を期待する
事故の説明	事故は失敗と機能不全により発生する　事故調査の目的は原因と寄与している要素を明らかにすることである	物事は結果にかかわらず基本的には同じように発生する．事故調査の目的は，時々物事がうまくいかないことを説明する基礎として，通常どのようにうまくいっているかを理解することである
ヒューマンファクターへの態度	人間は基本的に厄介で危険要因である	人間はシステムの柔軟性とレジリエンスの必要要素である
パフォーマンスの変動	有害であり，できるだけ防ぐべきである	必然的で，有用である　監視され，管理されるべきである

る」のに対して，セーフティⅡでは「プロアクティブで，連続的な発展を期待する」という考え方を推奨する．次に，「事故」について，セーフティⅠでは「事故は失敗と機能不全により発生する」「事故調査の目的は原因と寄与している要素を明らかにすることである」と考えるのに対して，セーフティⅡでは「物事は結果にかかわらず基本的には同じように発生する．事故調査の目的は，時々物事がうまくいかないことを説明する基礎として，通常どのようにうまくいっているかを理解することである」としてとらえる．この点について説明を加えると，セーフティⅠでは，なにか問題が発生したときに問題の結果として事故が発生すると考えるのに対して，セーフティⅡでは，事故は日常的な営みの中に組み込まれており，事故の原因を理解するということは普段事故がなく上手く行っていることの理由を調べることとされる．たとえば，なぜケア事業所で毎日転倒骨折が生じないのかを明らかにすることが大切であると指摘していると理解することができる．

　ホルナゲルは人間の失敗をどのようにとらえるかという点においても，非常にユニークな視点を提供している．セーフティⅠでは「人間は基本的に厄介で危険要因である」とし，人間は常に誤りを犯す厄介な存在であると考えるのに対して，セーフティⅡでは「人間はシステムの柔軟性とレジリエンスの必要要素である」とする．そして，セーフティⅡでは，人間を取り巻く環境やシステムは不安定で多くの問題を抱えているが，人間はそのような問題を抱えたシステムに働きかけて，システムの問題を修正することができる「柔軟性とレジリエンス」を有していることを強調する．さらに，人間のパフォーマンスの変動，すなわち，人間の行動や行動の成果が日々変化することについての指摘がなされている．セーフティⅠでは人間のパフォーマンスの日々の変化は「有害であり，できる限り防ぐべきである」とするのに対して，人間のパフォーマンスの変動は「必然的で，有用である」「監視され，管理されるべきである」としている．人間の行動が日々変化するのは，機械ではないため当然であることを意味しており，むしろ，日々の行動の変化をモニターし，コントロールすることにより，よりよい状況を醸成することができる，という可能性に注目す

る必要があることを指摘している.

3）ケアリスクマネジメントの方向性

　ホルナゲルのセーフティⅡは，利用者の生活を抑制することなく安全性を追求し，人間の多様性やさまざまな可能性を真摯に追及するという意味でケアのリスクマネジメントと非常に相性がよいと考えられる．ただし，ケアリスクマネジメントの実践においては，セーフティⅡはセーフティⅠを否定するのではなく，あくまでセーフティⅠと補い合う関係にあることを忘れてはならない．以上の論点を整理し，合わせて榎本によるリスクマネジメントにおける「現代のパラダイム」の考え方を参考に，今後のケアリスクマネジメントのあり方をまとめると，以下のようになる.

　①リスクをなくすことが安全ではない，リスクから組織が被る影響を受容できる程度に　最適化することで安全性は保たれる.

　②リスクからの悪影響をゼロにすることがリスクマネジメントの目的ではない，影響の　度合いを予測してリスク対応を図ることがリスクマネジメントである.

　③リスクマネジメントは人が間違いを犯す存在であるということを前提に実施する必要　がある．人が起こすエラーに耐えられるシステムを構成していくことが求められる.

　④事故の再発防止を基本とするのではなく，未然防止を基本とする．モグラたたきを止　めるために問題の原因に対処し，未然防止に努める.

　⑤事故は関係者が共有し，事故に対処する取り組みの中で，事故の未然防止のための基　本的な土台を確保することができる.

　⑥人は統制ではなくさまざまな経験を統合し，課題を乗り越えることによって成長する．　ケアシステムの中心は規則ではなく，能力を発揮することのできる“人”である.

　⑦事故の発生件数にだけ注意を向けるのではなく，ケアの現場でうまく行っているとこ　ろにも目を向ける必要がある．なぜ，毎日，毎時間事故が発生していないのかという　視点が今後のリスクマネジメントの重要なヒントとなる.

4）今後のセーフティⅡの実践に向けて

　セーフティⅡの考え方が，ケアのリスクマネジメントに適合的であることは，ケアの質の維持を図りながら，リスクマネジメントを推進することに日ごろから取り組んでいるケアワーカーの皆さんには比較的容易に理解できるのではないかと思われる．しかし，セーフティⅡの考え方をケアリスクマネジメントの実践の中で生かしていくことは簡単なことではない．現時点では，理論的な方向性は示されているが明確な方法論やモデルが提示されているわけではなく，今後，実践場面での試行錯誤を重ねていかなければならないように思われる．これまでの数十施設で行ったリスクマネジメントのサポートのための取り組みの中で明らかになっていることは，本当に大切なことは方法論ではなく，視点の転換ということである．表5-3の「セーフティⅡ」に示すように，リスクを普遍的な存在として受け入れ，失敗ではなく成功に焦点をあて，「なぜ毎日事故が起きないのか」という逆転の発想からケアの現場の問題点を探ることが大切である．そして，人間は基本的にエラー

セーフティ I：リスクマネジメントの基礎力強化

・事故の原因を探り，その原因を取り除くことを目指す．
・個人のエラーに焦点を当て，エラーを減らすことを目指す．
・事故の原因には多くの要因が含まれており，かつ複雑に関連し合っているため，セーフティ I のアプローチでは十分な成果が期待できないことがある．
・セーフティ I のアプローチはリスクマネジメントの基礎を形成するものであり，リスクマネジメントの基礎力を強化する役割を担う．
・セーフティ I によるリスクマネジメントで十分な成果を上げることは困難である．

セーフティ II：リスクマネジメントの応用力強化

・個人のエラーよりも，事故の背景となるシステム全般に焦点を当て，組織やシステムの柔軟な運用を重視する．
・事故を減らすためのアプローチよりも，なぜ通常の仕事が上手く行えているのかという点に注目し，プロアクティブ（事前対応）で持続的な発展を目指す．
・個人のエラーを事故の原因としてとらえるのではなく，さまざまなシステムの問題が絡み合って発生した結果としてとらえる．
・個人のエラーを個人の責任としてとらえるだけでなく，その原因を組織の管理体制や，研修体制，職員の共同体制の問題としてとらえることを重視する．
・このアプローチは抽象的であるが，職場全体におけるリスクマネジメントの応用力を強化する．

レジリエンスの強化：リスク対処能力全般の強化

・セーフティ II への取り組みの中で，事故にかかわるシステムの強化を目指す．
・組織，人，コミュニケーション，規則・ルールなどを見直す中でレジリエンスの強化が図られる．
・リスクマネジメントへの取り組みをとおして，個人と組織の対応力を高め，レジリエンスの強化を目指す．

図 5-2　セーフティ I・II からレジリエンスの強化へ

する存在であることを受け入れ，人間のパフォーマンスの変動（不確定性）がさまざまな問題に対処するうえでの柔軟性とレジリエンスの基盤となることを理解しなければならない．そのような発想の転換が，セーフティ II によるケアのリスクマネジメントを可能にすると考えられる．

3．ケアのレジリエンス強化に向けて

　以下においてセーフティ I とセーフティ II の関係について，再度確認を行うとともに，セーフティ II への取り組みをさらに進めて「レジリエンスの強化」へ至る道筋について検討を行う．セーフティ I は第 4 章で説明したような，一般的なリスクマネジメントのプロセスを実践するもので，その全体像を整理すると第 5 章の図 5-1 のようなモデルとして示すことができる．しかし，図 5-2 にも示しているとおり，セーフティ I に基づいたリスクマネジメントの取り組みについては，一部では確実に成果を上げることができるが，多くのケアサービス事業所では十分な成果が上げられていないという現実もある．

　ケアサービス事業所におけるリスクマネジメントの現状を改善していくうえでは，セーフティ II のアプローチが有効であると考えられる．ただし，ここで注意しておかなければ

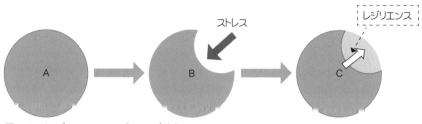

図 5-3　レジリエンスのイメージ（1）

ならないことは，セーフティⅠとセーフティⅡの二者選択ではなく，セーフティⅠの基本的な取り組みを補うためにセーフティⅡが必要になるという点である．そして，そのことはリスクマネジメントに取り組む際にセーフティⅡから開始することは現実的ではなく，あくまでセーフティⅠから始める必要があることを示している．

　さらに図 5-2 では，セーフティⅠでリスクマネジメントによる基礎力の強化と，セーフティⅡにおける応用力の強化に取り組む中で，ケアサービス事業所の組織力と職員個々の対応能力を高め，レジリエンスを強化していくことが可能となることを示している．レジリエンスの強化はその理論を理解することによってではなく，リスクマネジメント実践における組織，人，コミュニケーション，規則・ルールなどを見直し，修正するプロセスの中で初めて可能となることを指摘している点に注目する必要がある．

4．改めてレジリエンスとは

1）レジリエンスの一般的な理解

　レジリエンスとは一般に望ましくない出来事が発生した際の「弾力性，復元力，回復力の優れた状態を指す」[3] といわれる．このような物理的なレジリエンスの働きのイメージを図 5-3 に示している．図 5-3 では A というシステムが外部からの何らかのストレスによりダメージを受けた後，B から C へ推移する中でレジリエンスによって回復するようすを示している．しかし，実際のレジリエンスの働きにおいては，図 5-3 のように，元の状態に回復するという状況はそれほど多くはみられない．レジリエンスの働きは，「回復力の優れた状態」にあるとしても，物事がダメージを受ける前とまったく同じ状態を作り出すことではない．完全に元の状態に回復できるようなシステムの働きは「回復力」または「修復力」とよぶことができるため，レジリエンスの概念は不要なものとなってしまう．心理学や生態学の分野でレジリエンスの概念を用いるときは，そのような単純な「回復力」や「修復力」を意味しているわけではない．

　たとえば，図 5-4 に示すように，ストレスへの反応としてのレジリエンスは，C1～C3 のような結果を生じさせる可能性がある．システムが何らかのストレスを受けたとしても必ずしも元の状態へ戻るわけではなく，C1 のように元の状態未満の場合もあれば，C3 の

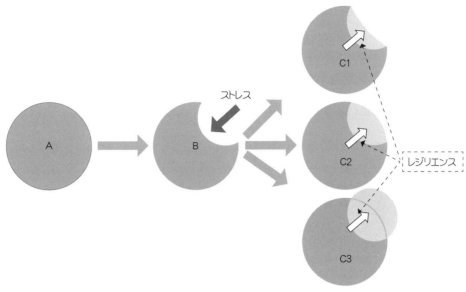

図 5-4　レジリエンスのイメージ（2）

ように元の状態を超してしまう場合もある.

　レジリエンスという概念が意味をもつのは, 関係する要素が複雑に絡み合っていて決して元どおりにはなり得ない状態の中での回復や修復, システムの増強が行われる状況においてである. たとえば, 2011 年の東日本大震災の後で「レジリエンス」という言葉が頻繁に用いられるようになったが, そこでいわれるレジリエンスは元の状況に復帰することではあり得なかった. 災害で亡くなった人は決して生き返ることはなく, 長年住み慣れた思い出の詰まった「わが家」はお金で買い戻すことはできなかった. 被災した人々は別の新しい形で, 困難な環境に適応しようとしたのであり, そのような働きの中にレジリエンスを見いだすことができるのである.

2）心理学領域におけるレジリエンス

　心理学の領域では「レジリエンス」という用語は「困難な状況にもかかわらず適応して生き延びる力」という意味で使われることが多い. 心理学の分野では, レジリエンスの働きに関してさまざまな研究が行われている. 宇野は, もっとも一般的な定義としては「逆境に対する反応としての精神的回復力や自発的治癒力」[7] を挙げているが, この定義も厳密なものではないとしている. E・ホルナゲルらはレジリエンスについて 9 つの定義を挙げているが, それらの定義は「逆境」と逆境に対する「ポジティブな対応」という中核的な概念を基調としている [8].

　一般的に, 心理学分野のレジリエンスについては「困難な中での落ち着き」「非常に困難な状況を受け入れること」「挫折や後退へ反発力」「困難な状況からの素早い立ち直り」「苦難の時期における業務遂行の維持」「仕事や家庭に必要なことについての効果的な管理」「ストレスの負の影響を最小限にする」といった内容と関連して説明されることが多い.

３）システム論からみたレジリエンス

　レジリエンスの概念は，個人から家族，企業や行政などの組織が何らかのダメージを被った際に，システムが有する内的な働きによりダメージから回復する働きを意味する．そのような意味では，個人・家族，地域社会，企業から国家に至るまで，社会のあらゆるレベルの組織におけるリスクマネジメント，危機管理のシステムと関係していると理解することができる．

　一般には，「安全」とは「受け入れがたいリスクが存在しないこと」と理解されるが，レジリエンスの考え方では「安全とは変化する条件下で成功する能力」として定義される[4]．ホルナゲルらが提唱するレジリエンスエンジニアリングの考え方では，レジリエンスは脅威や混乱の後のダメージの修復にかかわるだけでなく，より広い範囲に適用することが可能であるとされる．ホルナゲルは，「レジリエンスは変化や混乱の起こる前でも，その最中でも，その後でも，システムの機能を調整できるようなシステム自体のもつ内的な能力」として理解できると述べている[5]．この点について，詳述すると次のようになる．

　組織（システム）におけるレジリエンスは，①困難な状況からの素早い回復，②組織の存在とその基本目標の達成のために，脅威を予期し回避する組織活動のマネジメントとしてとらえることができる．そして，組織におけるレジリエンスを保つための能力として，①事象に対処する能力（responding），②監視する能力（monitoring），③未来の脅威と好機を予言する能力（anticipating），④失敗と成功から学習する能力（learning），という４つの能力が挙げられる[6]．

５．リスクマネジメントにおけるレジリエンス強化の必要性

　第４章で示した一般的なリスクマネジメントには，一定の限界があることは筆者の研究結果などからも明らかになっている．ホルナゲルらはそのような限界を乗り越えるためには，リスクマネジメントにおけるレジリエンスの強化のための取り組みが重要であることを指摘している．組織におけるレジリエンスについて改めてまとめると，「システムが本来対応できるべく事前に定められた基本的メカニズムの範囲を超えるような混乱や変化をうまく処理する能力」および「質の高いケアの提供を妨げる要因からの圧力や対立を管理し，対処する能力」であるとされる．レジリエンスの概念自体が複雑でわかりにくく，レジリエンス強化の手法が明確でないため，ケアリスクマネジメントにおいてどのようにしてレジリエンスの強化を図っていくのかという問題については，現在，さまざまな場面で研究が積み重ねられているところである．そこで本稿では，これまでのレジリエンス研究と高齢者介護の現場におけるリスクマネジメントへの取り組みを整理し，リスクマネジメントの中にレジリエンスの概念を組み入れることを試みる．

１）レジリエンス強化のための基本的な考え方

　ホルナゲルによる，①事象に対処する能力，②監視する能力，③未来の脅威と好機を予

言する能力，④失敗と成功から学習する能力，という４つのレジリエンスの働きは，その
ままケアリスクマネジメントにおけるレジリエンスとしてとらえることができる．このよ
うなリスクマネジメントにおけるレジリエンスの働きを，高齢者ケアの実践プロセスにお
けるさまざまな取り組みとの関連で整理すると，①事象に対処する能力は「対応のレジリ
エンス」と，②監視する能力，③未来の脅威と好機を予言する能力は「予防のレジリエンス」
と，④失敗と成功から学習する能力は「成長のレジリエンス」としてとらえることができる．
　ケアリスクマネジメント実践における「予防のレジリエンス」「対応のレジリエンス」「成
長のレジリエンス」は以下のように整理することができる．
　①予防のレジリエンス
　予防のレジリエンスは，さまざまな事故を事前に予想し，プロアクティブな対応をとる
ことにより未然に事故を防止することを目指す．予防のレジリエンスを強化する取り組み
としては次のような方策が考えられる．
　　(a) リスクアセスメントを実施し，発生が予想される事故を特定する．
　　(b) 事故を単純に否定するのではなく，事故発生の可能性を受容しながら，多様な対応
　　　　策を検討する．
　　(c) 事故予防のためのレジリエンス強化においては，組織体制の整備と風通しのよい職
　　　　場の風土が重要である．これは，職員の役割分担の明確化と，職員がさまざまな
　　　　意見を表明しそれが受け入れられる体制づくりが必要であることを意味する．
　　(d) 職員の事故対応目的と方法の共有が必要である．そのためにはマニュアルの日常的
　　　　な活用と現状に合わせたマニュアルの頻繁な見直しが有効である．
　　(e) リスクに関する研修・教育訓練，研修テーマの設定と研修の講師・指導者は役職者
　　　　だけが担当するのではなく，現場の実践者へ講師役を割り当てて研修の機会とし，
　　　　職員のインセンティブを高めることが重要なポイントとなる．
　②対応のレジリエンス
　対応のレジリエンスは，基本的に「困難な状況からの素早い回復」を目指すものであり，
事故が発生した際の対応のあり方が問題となる．そのため，対応のレジリエンスでは，組
織や個人が本来対応できるべく事前に定められた基本的システムの範囲を超えるような混
乱や変化をうまく処理する能力が求められることになる．それは，事故や感染症など質の
高いケアの提供を妨げる要因をコントロールし，対処する能力と言い換えることができる．
　対応のレジリエンスは，事故が発生しても，慌てることなく適切に対応し，問題発生に
よる悪影響を最小限に食い止める働きとして理解される．対応のレジリエンスは主に，リ
スクコミュニケーション，組織体制の整備，リスクのアセスメント・分析，リスク対応の
プランニング，リスク対応の実践，リスク対応の評価・修正という一般的なリスクマネジ
メントのプロセスの中で発揮されることになる．
　③成長のレジリエンス
　かつてレジリエンスの説明では「バンスバック（bounce back）＝はね返る，立ち直る」

90

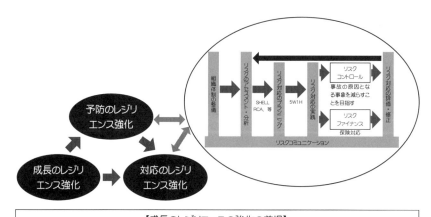

図 5-5 レジリエンス強化のためのサイクル

という言葉が用いられていた．たとえば，卵が壁にぶつかるとつぶれてしまうのでレジリエンスが低いのに対して，テニスボールならば跳ね返って元に戻るのでレジリエンスが高いというイメージで理解されていた．それが，近年ではレジリエンスの概念に「バンスバック」だけでなく「バンスフォワード（bounce forward）」，すなわち障害を乗り越えて前へ進むという意味がつけ加えられるようになった．バンスフォワードには障害を乗り越えて立ち直るだけでなく，成長するという意味も含まれており，心理学におけるPTG（Posttraumatic Growth；心的外傷後成長）との関連からも検討することが可能であると思われる．

　以上により，成長のレジリエンスでは事故による「ダメージからの回復」と「成長」に焦点があてられる．ホルナゲルが示した「失敗と成功から学習する能力」とは，ダメージから回復するプロセスで失敗と成功からさまざまなことを学び，関係者が成長していくこととして理解することができる．成長のレジリエンス強化は，組織と職員の成長によるケアの質の向上と，職員のコミットメントの強化に効果的であると考えられる．

２）リスクマネジメントのためのレジリエンスモデル

　レジリエンスに関する以上の説明を一連のサイクルとして整理すると，図 5-5 のようになる．この図からもわかるように，右上に示してあるリスクマネジメントの取り組みは，図 5-1 で示したものである．しかし，この一般的なリスクマネジメントのプロセスでは，これまで何度かふれてきたように，どうしても事後対応のリスクマネジメントとなり，成果も限定的にならざるを得ない．このような状況を改善するための方策として，リスクマネジメントと並行して「予防のレジリエンス強化」「対応のレジリエンス強化」「成長のレジリエンス強化」に取り組んでいくことが考えられた．

　図 5-5 に示されるように「予防のレジリエンス強化」と「対応のレジリエンス強化」は

一般的なリスクマネジメントの中で現れるレジリエンス強化の働きとして理解することができる．これは，一般的なリスクマネジメントへの取り組みが一定の効果を上げるときは「予防のレジリエンス強化」と「対応のレジリエンス強化」が確実に進んでいるものと理解することができる．この「予防のレジリエンス強化」と「対応のレジリエンス強化」のプロセスに「成長のレジリエンス強化」が加わることにより，図5-5のレジリエンスのサイクルが完成することになる．

　成長のレジリエンス強化のプロセスでは，問題への気づき，問題へのチャレンジ，チャレンジの中での学びと成長が重要なテーマとなる．それ以外にも，チームワーク，情報共有，良好な職場の風土，ポジティブな視点，冗長性と多様性の容認，効果的な研修体制，などが重要な役割を果たすことになる．

【引用・参考文献】
1) エリック・ホルナゲル（北村正春，小松原明哲監訳）：Safety-I & Safety-II；安全マネジメントの過去と未来．161，海文堂出版，東京（2015）.
2) 榎本徹一：意思決定のためのリスクマネジメント．10，オーム社，東京（2011）.
3) 北村正晴：レジリエンスエンジニアリングが目指す安全 Safety II とその実現法．*IEIEC Fundamentals Review*，8(2):48（2014）.
4) エリック・ホルナゲル，ジャン・パリエ，デビッド・D.ウッズ，ほか（北村正晴，小松原明哲監訳）：実践レジリエンスエンジニアリング；社会・技術システムおよび重安全システムへの実装の手引き．1，日科技連，東京（2014）.
5) エリック・ホルナゲル，ジェフリー・プレイスウェイト，ロバート・ウィアーズ（中島 和江監訳）：レジリエント・ヘルスケア；複雑適応システムを制御する．XXvii-ix，大阪大学出版会，大阪（2015）.
6) エリック・ホルナゲル，デビッド・D.ウッズ，ナンシー・レブソン（北村正晴監訳）：レジリエンスエンジニアリング；概念と指針．vi，日科技連，東京（2012）.
7) 宇野カオリ：レジリエンス・トレーニング入門．26，電波社，東京（2018）.
8) David Fletcher, Mustafa Sarkar: Pschologica Resilience A Revew and Critique of Definitions. Concenptes. *And theory. European psychologist,* 18(1):12-23 (2013).

第6章

ケアの質と
チームケアの質

1. ケアとリスクの関係

　介護や看護などのケア実践では，さまざまな事故や危険な事態の発生が予想される．たとえば，高齢者や障害者の介護では，食事の際の誤飲，ベッドからの転落による骨折などの可能性がある．また，看護では患者に対する誤った薬の投与，感染症の発症，看護師自体に危害が及ぶ針刺し事故などが挙げられる．介護や看護の関係者はこれらの事故やさまざまな危険性を伴う事態を発生させないよう，注意深くケアを実践していくことが求められている．

　このような状況において，ケアにおけるさまざまな危険性への配慮を行う際には，利用者や患者の安全を最優先しなければならない．しかし，時としてケアサービス利用者の安全は，ケアの対象者のQOL（Quality of Life；生活の質）と対立することがあり，場合によっては，ケアの目的そのものと対立することもある．たとえば，足腰の弱った高齢者は，転倒の危険があるという理由で歩かせないほうがよいという考え方は正しいのだろうか．また，介護や看護に限らず，保育領域のケアを考えるとき，子どもが転んで膝をすりむく可能性があるので保育園内では鬼ごっこを禁止するということはあり得るのだろうか．

　ケアのリスクマネジメントにおいて，高齢者のQOLや児童の成長の可能性を犠牲にして事故防止に取り組むという考え方は明らかに誤りである．しかし，ケアの実践の場においては，高齢者のQOLや児童の成長のための取り組みと事故防止のための取り組みとの間で，適切なバランスをとるための判断をしなければならない．そのような判断の基準をどのように設定するかは非常にむずかしい問題である．

　このような判断の基準は，最終的には「ケア」と「リスク」をどのようにとらえるかによって定まると考えられる．これまで本書では第1章から第5章までリスクとレジリエンスに関して詳細に記してきたため，該当する箇所を読み返すことによりリスク概念の多様性と最新のリスク，安全性に関する考え方を確認することができる．

　以下では「ケア」と「チームケア」のあり方について検討を行う．ケアとリスクのバランスをとるという問題に対応するための手がかりを得るとともにチームケアの課題について考察する．

2．他者のニーズに応答するケア

　ケアの概念については一般的に，配慮する，関心をもつ，思いやるなどの心のあり様を基礎として理解されることが多い．ケアに関してはさまざまな考え方が提起されているが，そのなかでも，ケアの基本的な視点を提起したのはキャロル・ギリガンとミルトン・メイヤロフであった．ギリガンは，ケアはさまざまなニーズへの「共感と心配りを生むところの理解」[1]であるとし，メイヤロフは「その人が成長すること，自己実現することを助けること」[2]にケアの意味があるとした．これらメイヤロフとギリガンのケアに関する理解は，介護や看護，さらには保育におけるケアのあり方と通底するものである．

1）ギリガンによるケアの倫理

　ケアの倫理（ethic of care）はギリガンによる『もう一つの声』の中で示された倫理である．ケアの倫理は正義の倫理と対比されることにより，その特質を理解することができるとし，ケアの倫理と正義の倫理の違いについて次のような例により示している．

　―ハインツの妻は重い病気にかかっているが，ある高価な薬を飲ませることで妻を助けることができる．ハインツは貧しいため薬を買うことはできない．ハインツは妻の命を救うために薬を盗むことを考えている．それは良いことか，悪いことか―

　ギリガンはジェイクという男の子と，エイミーという女の子に上の質問を行うことにより次のような回答を得ている．

　＜ジェイク（11歳，男の子）の回答＞
　「盗むのがよいことだと思う」
　どうしてそう思うの？
　「人間の命はお金より尊いからだよ」
　「薬屋さんは後でお金を儲けることができるかもしれないけど，ハインツの奥さんは死んでしまったら生き返らないだろう」
　＜エイミー（11歳，女の子）の回答＞
　「そうねえ．盗んじゃいけないと思うわ．でも奥さんを死なせてはいけないと思うし」
　「ハインツたちは，人に事情を話して，薬を買うお金をつくるなにかの方法を見つけるべきだと思うわ」
　「でも，どうしたらよいのかしら」

　ギリガンはこの2人の答えについて，ジェイクの答えは「正義の倫理」に向かうものであり，エイミーの答えは「ケアの倫理」へ向かうものであるとしている．ギリガンによると，正義の倫理は，道徳的な正しさを追求する際の論理的で客観的な思考を伴うとされる．正義の倫理は，自分の思いから切り離された，道徳的な正しさが存在するという信念に基づいており，人間社会に存在する複雑な諸権利の競合を調整する際に有効であるといわれる．

　これに対して，ケアの倫理では，他者のニーズへの応答が問題となるのであって，権利と義務に対応するものではないとされる．ケアの倫理は困っている人へ対応するための自

分の思いに基づいた思考であり，複雑に絡み合う責任の葛藤として位置づけられることになる．法律やさまざまな社会的ルールは正義の倫理に基づいて構成されるが，人間の社会は正義の倫理だけで成り立っているわけではない．目の前で苦しんでいる人がいるときにその人を助けることは，権利によるものでも義務によるものでもない．ケアの倫理は人が自然に心の中にもっている思いやりや相互の助け合いの基盤をなすものである．したがって，人間の社会は正義の倫理とケアの倫理という2つの倫理から成り立つと考えられる．ギリガンは2つの倫理が相補い合う中で，成熟が見いだされるとしている．

　ギリガンの『もう一つの声』においては，「ケア」とはさまざまなニーズをもつ人々への「共感と心配りを生むところの理解」に基づいたニーズへの応答であり，権利と義務に基づく「正義」と相補い合う関係にあるものとして位置づけられていた．

2）メイヤロフによる成長と自己実現を助けるケア

　メイヤロフは『ケアの本質；生きることの意味』の中でケアの主要な特質について，以下の7つの観点を提示している．メイヤロフにおけるケアは，ケアする人とケアされる人の間で行われる複雑なコミュニケーションの中で，双方が成長していく可能性を示している．

　①ケアを通しての自己実現

　ケアする人にとって，他者の成長が関心の中心であるが，成長への援助の中でケアする人自身が成長することができる．

　②過程の第一義的重要性

　ケアにおいては，成果よりもケアのプロセスが重視されるが，そのことはケアの目的や目標を否定するものではない．ケアにおいては行為のプロセスの中にその意味を見いだすことができるが，ケアの目的・目標はその方向性を示すうえで重要である．

　③ケアする能力とケアを受容する能力

　ケアをするうえでは，「時に特別な資質あるいは特殊な訓練を必要」とする．たとえば，精神病患者へのケアでは特殊な訓練以外に，「人間関係についての生半可でない感受性」が要求される．ケアする人はケアできる状態でなければならないが，ケアされる相手もまた，その「ケアを受容できる状態」でなければならない．

　④ケアの対象が変わらないこと

　ケアは連続性を前提とする．ケアの相手が頻繁に変わるようでは，ケアにおける専心や信頼がその力を発揮することができない．

　⑤ケアにおける自責感

　ケアにおいて，ケアする人とケアされる人はいっしょに成長する．そのため，ケアが不十分であったと自覚したとき，またはケアされる側からその不十分さを指摘されたとき，ケアする人は自責の念に駆られる．

　⑥ケアの相互性

　ケアする人とケアされる人の間には相互性がある場合とない場合とがある．両親が幼い

子どもを育てるような場合は，十分な相互性があるとは言い難い．精神療法の場合，「治療者は，他者へのケアができない相手＝患者をケアする」が，「患者が（他者に対して）ケアできるようになり，さらに進んで治療者に対してケアできるようになれば」，そのとき治療も終わることになる．

　⑦ケアであるといえる範囲

　ケアには「ある程度の錯誤と，相手の欲求に対する関心，感受性の推移」がつきものである．ケアにおいては「正直」と「専心」が大切であるが，絶対的な正直と専心が求められるわけではない．ある行為をケアとして認めることができるか否かは，「程度問題」であるが，「病的な依存関係」「過保護」「悪意ある操作的なやり方」をケアとして認めることはできない．

3）ニーズに応答し相手を支えるケア

　ギリガンにおけるケアは，相手への共感と心配りを生むような理解に基づいて，ニーズへ応答する姿を示している．そして権利と義務によるのではなく，さまざまなニーズとニーズへ対応する諸責任の葛藤の中にケアの意味があることを指摘している．これに対して，メイヤロフは，ケアは一方的なものではなく，ケアする側とケアされる側の相互のコミュニケーションの中で，相手の成長と自己実現を助け，相互に成長する姿を示している．ギリガンとメイヤロフの両者に共通しているのは，共感または感受性により相手の思いやニーズに対応することに意味を見いだしている点である．ギリガンが権利と義務ではなく共感に基づいた責任の葛藤を重視するのに対して，メイヤロフでは相互の成長と自己実現を目指す点に違いはあるが，どちらもケアを相手のニーズに応答し相手を支える働きとしてとらえていることについては変わりない．

3．ケアの機能的側面について

　ギリガンとメイヤロフのケアの思想は“ケア”の深い意味を示してくれるが，その反面，非常に複雑で主観的な側面を示していることも間違いない．世の中には，ケアについてよくわかっていない人，人をケアするという感覚をよく理解できない人，ケアされることは嬉しいが自分からはほとんどケアができない人がいる．ケアの概念は単にケアする人がケアされる人へ“優しくする”ことではないということは，これまでみてきたとおりである．そのため，これまでケアの研究ではまったくふれられてこなかったケアの機能的側面からアプローチを行っておくことも必要なのではないかと考えられる．

　そのため，以下においては，ケアの機能的な側面として「互酬性」「自己充足性」を取り上げ，ケアの多様な側面について理解を深めることを試みる．

1）ケアの互酬性

　互酬性（reciprocity）とは，一般的には“相手になにかしてもらったら，お返しをすること”として理解されている．互酬性についての単純な理解では，商品の売買や必要物品の物々交換を意味するようにとらえられるかもしれない．しかし，互酬性という概念にはもう少

図 6-1　互酬性のイメージ

し広い意味が含まれている．たとえば，図 6-1 に示すように，誰かがだれかに行ったケアは他の人へのケアに影響を及ぼし，ケアの関係は間接的な関係が複雑に入り組んでいると考えられる．たとえば，商品の売買であればその場で清算されるが，互酬性ではより広い意味でのやり取りが行われることになる．互酬性の概念では，互酬にかかわる主体間の相互関係が時間的にも空間的にもかなり広くとられることになる．そのため，ケアの互酬性は世代を超えて現れることもある．

　人類学者の山際寿一は，毎日新聞（2014 年 2 月 9 日）の「人間に独特の互酬性」というコラムの中で，次のようなことを述べている．

　　「ほとんどの動物では，母親以外の成体（おとな）が子どもに食べ物をやることはないと言われる．ところが最近，サルの仲間では，ある分類群だけに食べ物を分配する行動が多発することがわかってきた．そして，離乳後に母親や養育者から子どもに固形食物が与えられる種は，おとなになってからも食べ物をやりとりする．人間に見られる食べ物の分配も，子育てに端を発し，それから自己と他者を平等に見ようとする能力の発達に伴っておとなの間に広がったのではないか．」

　ケアの互酬性では，モノまたはニーズ充足行為を媒介とする相互関係に焦点があてられ，場所を超え，時間と世代を超えて機能することが予想される．このような特徴をもつケアにおける互酬性を認めるならば，ケアは人間として存在するための基本的な条件として位置づけることが可能である．

2）ケアの自己充足性

　自己充足性（consummatory）という言葉は道具性（instrumental）と対比される社会学の用語で，これらの概念については，社会学者による込み入った議論が展開されてきたが，以下でその一部を整理してみる．

　自己充足性の説明の前に，道具性という言葉についてふれておく．道具という言葉からはペンチ，スパナ，メガネ，コンピュータ，自動車などを思い浮かべることができる．これらの道具はすべて，人間の手や足，耳，目などの機能を補う役割を果たしている．ペンチやスパナは手の機能を拡張したものととらえることができ，メガネは視覚を補助し，コンピュータは脳の機能を，自動車は足の機能を補うものととらえることができる．人が道

具を使うときには必ずなにか目的をもった行為がなされていることになる．道具的な行為は「手段的行為」といわれることもあり，具体的な目的をもった行為を意味する．

　これに対して，自己充足（consummatory）という言葉は「コンシューム」すなわち「消費」という言葉と関連がある．道具的な行為が何らかの目的や必要性に迫られて行われる行為であるのに対して，自己充足的な行為は消費的な行為であり，その行為自体が目的となる．すなわち，自己充足的な行為は，その行為自体に意味があり，他に目的をもたない行為として理解することができる．

　　現在のように，農業が機械化されず家族や近隣の人々の協働で行われていたころの農家の家族を考えてみよう．当時，農家では家族同士が役割分担をし，農作業を営んでいた．春になると田を耕し代掻きをして，田植えの準備をする．田植えが終わると田んぼの草取り，あぜ道の草刈りに勤しむ．秋になって稲穂が首を垂れると家族皆で稲刈りを行う．これらの作業はすべて道具的な行為である．収穫の時期が終わり，秋仕舞も終了すると，家族がそろって温泉場へ湯治に行き農業で疲れた身体を癒す．この家族がそろってのんびりと温泉に浸かり，家族同士で団欒し愛しみ合う行為は，道具的な目的をもつのではなく，自己充足的な行為とみなすことができる．

　道具的な行為は人や動物がその環境に適応するためのさまざまな努力や工夫を必要とするのに対して，自己充足的行為は環境に適応し，生きることの喜びや満足な状態を表す行為として理解することができる．

　コミュニケーションに関する研究の中でも「自己充足的コミュニケーション」「道具的コミュニケーション」という区別がなされる場合がある．自己充足的コミュニケーションには，①親密な対人関係の成立や維持にかかわる会話，②会話すること自体に目的の会話が含まれ，道具的コミュニケーションには③課題を達成するために相手に依存する会話，④相手への理解を深めるための会話，⑤確認・打ち合わせのための会話，⑥情報や知識を伝達するための会話，が含まれる．なお，コミュニケーションの分類では「自己充足的コミュニケーション」「道具的コミュニケーション」以外に，⑦相手を統制するための会話，⑧会話せざるを得ない状況での会話，が人間関係を調整するためのコミュニケーションとして示されている．

　以上の自己充足性と道具性の対比から，ケアという行為は自己充足性との関連性が高いことが推測される．たとえば，介護と看護を対比するならば，看護では患者の病気や怪我の治療という明確な目的があるのに対して，介護では利用者の安心や満足が求められる．ケアが，その行為の中で目的性を完全に排除してしまうということではないが，ケアという行為は相対的に自己充足性の高い行為としてみなされる．

4．リスクとケアの関係

　本書では，リスクを「目的に対する不確かさの影響」と定義し，何らかの目的をもった

行為が行われる際に，その行為が"好ましい結果"を生み出すか"好ましくない結果"を生み出すかという点についての"不確かさ"として理解している．このリスクの定義を，ケア実践の場面と関連づけると次のようになる．ケアをするということは，ケアをする相手に対してより安全で安心な環境を提供し，食事・入浴・排せつなどの ADL（Activities of Daily Living；日常生活動作）を支え，人間関係とその人らしさや個人の尊厳を支え，さらには QOL を維持し高めることを目指して利用者とかかわっていくというさまざまな行為を含むものである．ケアはそのような"好ましい結果"を求めて実践されるが，いくつかの悪条件が重なったときに"好ましい結果"に至ることができず，逆に利用者が怪我をしたり，苦痛を感じたりするような"好ましくない結果"を生じさせる可能性が常につきまとっている．そのような意味で，ケアをするということは"好ましい結果"を生み出す可能性と，"好ましくない結果"を生じさせる可能性という不確かな状況，すなわち「リスク」を抱えることを意味する．

　このようなケアに必然的に付随するリスクに対処していくうえでは，ケアワーカーはケアによる"好ましい結果"を導き出すための取り組みと，ケアによる"好ましくない結果"を防ぐための取り組みという 2 つの取り組みを並行して行っていく必要がある．それは，ケアのリスクマネジメントでは，ケアに関係する事故を防ぐだけでなく，ケアの質の維持向上にも取り組んでいかなければならないということを意味する．

　ケアサービス事業所におけるケアの質は，個々のケアワーカーが提供するケアの質と，職場内のチームケアの質とによって定まる．以下では，ケアのリスクマネジメントにおける"好ましい結果"を導き出すための基本的な条件となるケアの質向上と，チームケアの質向上のための課題についての説明を行う．

5．実践面からのケアの質の評価

1）実践的な側面からのケアの評価の必要性
　ケアの概念はこれまでみてきたように多様な内容を含んでいるが，基本的には他者のニーズを感じ取り，そのニーズに適切に応答するということであると思われる．そのようなケアの行為には，複雑な心理的要素やコミュニケーションのあり方が含まれるため，客観的に評価することは非常にむずかしい．ケアをする側とケアを受ける側の，それぞれの個別の心理的側面やコミュニケーションの状況を評価することは，不可能ではないかもしれないが，その評価結果を高齢者や障がい者などへのケア実践における食事・入浴・排せつなどの具体的な行為との関連を推定することはさらに困難な問題になると思われる．

2）認知症ケアの質の評価
　このような問題に対応するために，照井は延べ 2,000 人以上のケアワーカーを対象とした認知症高齢者へのケア実践に関するアンケート調査を実施し，その結果を分析することにより，図 6-2 のような認知症ケアの質を評価するためのモデルを開発している[3]．

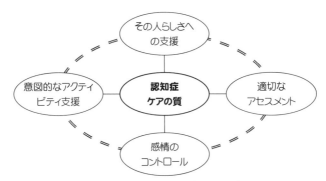

図 6-2　DC-SEM：ケア実践の質を決定する要素

　このモデルは DC-SEM（Dementia Care Self Evaluation Model）と名づけられ，「適切なアセスメント」「その人らしさへの支援」「意図的なアクティビティ」「感情のコントロール」という 4 つの視点から，認知症ケアの質を評価することを目指している[3]．図 6-2 をもとに，DC-SEM の内容を説明する．

（1）適切なアセスメント

　認知症ケアの質に関係する第一の要素は「適切なアセスメント」である．適切なアセスメントが第一に取り上げられるのは，適切なアセスメントなしに適切なケアはあり得ないという単純な理由からである．認知症高齢者への適切かつ効果的なケアを行っていくうえでは，ケアワーカーは相手の心身の状況や生活歴，家族関係などさまざまな点について理解する必要がある．その中でもとくに病名と認知症の原因の理解，生活上の課題やニーズについての理解，さらにはニーズに対応するための方法や目標に関する理解などが重要である．ケアワーカーがケアする相手の心身の状況や生活歴，生活環境や生活上の課題について十分に理解していることにより，その人らしさへの支援が可能となる．

（2）その人らしさへの支援

　認知症ケアの質を支える第二の要素である「その人らしさへの支援」はパーソン・センタード・ケアの考え方とほぼ重なるケアの視点である．トム・キットウッドらは，精神の力が低下しつつある人々，低下してしまった人々へのケアは「私たち自身がケアを受ける場合どのように対応してほしいかということと同様に，パーソンとして対応」されるべきである．適切なケアにより，「混乱した状態にある人は，多くの人々が信じているよりも遙かによい状態に止まることができる」[4]と述べている．このような視点に基づいたケアは，認知症高齢者の役割への配慮，認知症高齢者のその人らしさを表す記念品や写真などへの配慮，ケアワーカーはその人らしさを支えるために心に余裕をもって接することを心がけるといったアプローチにより実践される．

（3）意図的なアクティビティ支援

　認知症ケアの第三の要素である「アクティビティ支援」の例として，ゲームや体操，歌や手工芸などが挙げられる．また，アクティビティ支援の中には理学療法や作業療法など

のリハビリテーションの方法を活用したアプローチなども含まれる．ここで注意しておかなければならないのは，人のアクティビティを生理的条件反射のような機械的動作としてとらえるのは誤りということである．認知症高齢者の行為や活動は，その人のそれまでの生活や文化的背景と密接に結びついた活動としてとらえなければならない．したがって，アクティビティの支援とは，機械的な動作を強制することではなく，"その人"のもつ生活体験，人生経験，さらには"その人"が生きてきた社会の文化や歴史を反映した行為としてのアクティビティを支援することに他ならない．そして，アクティビティ支援を意図的に行うということは，その目的や支援方法が明確になっており，ケアを担当する関係者に共有されているということである．意図的なアクティビティ支援とは"その人"について全体的なアセスメントを行い，アセスメントの結果に基づいて"その人"の活動面に対する支援を計画的に実践していくことを意味するのである．

（4）感情のコントロール

認知症ケアの4つ目の要素として「感情のコントロール」が挙げられる．ケアワークは，一見すると，移動介助，食事・入浴介助などのような肉体労働としての側面が大きいように思われる．しかし，ケアワークは対象者をよく理解し，対象者の課題を分析し，ニーズへの対応方法を検討し，プランニングと実践に結びつけていくという意味では，頭脳労働としての側面が大きい．ケアワークにおける肉体労働の側面と頭脳労働の側面に合わせて，ケアワークのもう1つの重要な側面は，感情労働としての側面である．ケアワーカーは，相手の思いや感情を受け止め，受容しながら，行動面での相手の活動のペースに合わせていくことが求められる．時には不条理な相手の言動に対して，怒りなどのマイナス感情をもつことを我慢しなければならないこともあり，そのようなケアの場面では「穏やかな言葉」「余裕をもって接する」ことなどが重視される．ケアワーカーの感情コントロールが適切に行われないと，ケアワーカーと利用者，双方のストレスが高まり，場合によっては職員の燃えつきや利用者に対する虐待が発生するなどの問題を引き起こす可能性がある．ケアワーカーにおける感情コントロールを適切に行っていくうえでは，ケアワーカー1人ひとりの人格的成長を求めるようなやり方では決して効果を上げることはできない．ケアの現場の責任者は，職場の現状をよく分析したうえで，職員が抱えているコミュニケーションの課題や利用者に対する理解の偏りなどの問題を自覚できるようにアドバイスしていく必要がある．ケアにおける感情コントロールの問題は，指示や命令により効果的に対応できる問題ではない．ケアチームの責任者，チームリーダーは，ケアワーカーが自らの感情の問題を自覚し，対処していけるようにエンパワメントを行っていく必要がある．

3）チームケアの質の評価

チームワークは，一般的には「目標を達成するために，チームメンバーで役割を分担して協働する」ことと理解されている．チームワークに関しては，これまで組織運営に関連して多くの研究がなされているが，以下においては認知症高齢者へのチームケアの評価に関する筆者の研究を取り上げてみることとする．

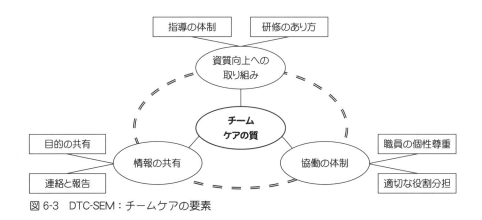

図 6-3　DTC-SEM：チームケアの要素

　ケアワーカー 1 人ひとりのケアの質は，前述した DC-SEM で評価することができるが，
事業所全体のケア全体の質をみるためには，チームケアの質を考える必要がある．実際の
ケアサービス事業所における認知症高齢者へのケアは，チームによって行われる．ケアワー
カー 1 人ひとりは知識も技術も優秀であるが，チームとしての連携が取れていないために，
どこかちぐはぐになってしまうという状況があるかもしれない．反対に，1 人ひとりのケ
アワーカーの力量は十分とはいえないが，チームワークにより，お互いに不足を補い合い，
全体としてよいケアを提供することは可能であるように思われる．照井は，そのような認
知症ケアにおけるチームケアの自己評価化のためのモデルとして，DTC-SEM（Dementia
Team Care-Self Evaluation Mode）を開発している．DTC-SEM では，認知症高齢者へのチー
ムケアの質を「情報の共有」「資質向上への取り組み」「協働の体制」という 3 つの要素
からなるモデルを示している．この 3 つの要素は図 6-3 に示すとおり，それぞれ下位の
要素を有しており，「情報の共有」は「目的の共有」「連絡と報告」から，「資質向上への
取り組み」は「指導の体制」「研修のあり方」から，「協働の体制」は「適切な役割分担」「職
員の個性尊重」から構成されている[5]．以下において図 6-3 により，認知症チームケアの
質の評価を構成する要素について述べる．
　（1）情報の共有
　チームケアの中では，さまざまな種類の情報が職員間で共有されている．それは利用者
の心身の状態に関する情報であったり，生活歴や家族関係に関することであったり，さら
にはチーム内の役割分担の取り決めに関する情報であったりする．それぞれの情報は，ケ
アの中で重要な意味をもっているが，DTC-SEM では，認知症ケアの情報共有においては，
とくに「目的の共有」と「連絡と報告」が重要であることが示されている．「目的の共有」
では，第一に，利用者に対する個別ケア目標とチーム目標をチームの全員が共有し，ケア
ワーカー 1 人ひとりが主体的にかかわっていくことの大切さが示唆されている．第二の
要素である「連絡と報告」では，日常的にささいなことを共有しようとする姿勢が重要で
あり，記録による情報共有と口頭での情報共有のために，一定のルールを定めて情報共有

の効率化を図っていく必要があること，ケアに関連する業務日誌や連絡ノートなどの記録を効果的に活用することが，チームケアの重要なポイントとなることが示されている.

　（2）資質向上への取り組み

　認知症ケアを支えるケアワーカーの資質は，職員個々の努力や能力だけで形成されるものではない．むしろ，ケアワーカーを支える職場のあり方が重要であると考えられる．DTC-SEM では，認知症チームケアを支える重要な要素として，ケアワーカーに対する職場の「指導の体制」の重要さを指摘している．指導体制の中でもとくに重要な視点としては，新任職員への指導担当者の明確化，職場全体の研修プログラムの立案，さらにはプロとして（専門職として）の倫理感と使命感を育てていくことが重要である．次に，「研修のあり方」についてはケース検討会などのカンファレンスの場を活用し，新任職員や経験の浅い職員に対する OJT を実践することが大切である．また，DTC-SEM では職員の自主的な勉強会がチームケアによい影響を及ぼすことが示されている．これは，日常のケアの中で問題を感じている職員が業務を離れた場面で自主的な勉強会に取り組み，自ら学ぼうとする姿勢がチーム全体によい影響を及ぼす可能性があることを示している．ケアサービス事業所では，職員の自主的な勉強会を SDS（Self Development System；自己啓発支援システム）の一環と位置づけてサポートしていくことが必要であると考えられる.

　（3）協働の体制

　職員間の協働がチームケアを支える根幹であると考えられる．この「協働の体制」を構成する重要な要素は「適切な役割分担」と「職員の個性尊重」である．適切な役割分担が可能となる前提としては職務分掌が整備されており，職務上の責任や権限が明確になっていることなどが挙げられる．認知症高齢者へのチームケアを評価する DTC-SEM では「適切な役割分担」における重要な視点として，バランスのよい職員配置と良好な人間関係に基づいた信頼関係を挙げている．ここでいうバランスのよい職員配置とは，チーム全員が平等に同じ内容の仕事をするということではない．負担が特定の職員に偏らないように配慮しながら，職員1人ひとりの能力や特性に応じた役割分担をし，かつ，チーム全員が納得できてはじめて「バランスのよい職員配置」ということができる．もう1つのチームケアの構成要素である「職員の個性尊重」では，職員がお互いに個性を認め合う職場全体の雰囲気が大切であることが指摘される．すべてのチームメンバーが先輩や上司に対して率直に意見を言える状況を作り出していくことが大切である.

【参考・引用文献】
1）キャロル・ギリガン（岩男寿美子監訳）：もう一つの声；男女の道徳観の違いと女性のアイデンティティ．269-305，川島書店，東京（1986）.
2）ミルトン・メイヤロフ（田村　真，向野宣之訳）：ケアの本質；生きることの意味．68-90，ゆるみ出版，東京（1987）.
3）照井孫久：認知症ケア自己評価の研究．東北公益文科大学総合研究論集 18：61-82（2010）.
4）Kidwood, T, Bredin, K: Person to Person. 5-11, Gale Center PUBLICATIONS（1992）.
5）照井孫久：認知症ケアにおけるチームケア自己評価モデルの検討．日本認知症ケア学会誌, 5(3):416-425(2006).

第**7**章

リスクマネジメント
のための組織運営

1. リスクマネジメント実践の前に

　ケアのリスクマネジメントでは，一般にはリスクアセスメントから事故の原因分析，事故を防ぐためのプランニング，対応策の実践，評価というプロセスを経ることはこれまで述べてきたとおりである．リスクマネジメントへの取り組みは，職場全体が組織を上げて取り組むことにより初めて効果を上げることができるのであり，一部の職員だけが懸命に努力してもその成果はごく限られたものにならざるを得ない．

　そのため，ケアのリスクマネジメント実践の効果を上げるためには，組織の体制が十分に整備されている必要がある．本書で繰り返し示してきたように，ケアのリスクマネジメントが真に有効であるためには，単に事故の件数を減らすだけではなく，ケアの質を確保し，利用者のQOL（Quality of Life；生活の質）を効果的に支えることができるものでなければならない．そのためには，図7-1に示すように「組織体制」の整備，「ケアの質」と「チームケアの質」の確保が必須となる．ケアのリスクマネジメントの前提条件として，組織体制の整備を行ううえでは，役割分担や責任体制などの組織体制が整っていること，研修システムが機能していること，問題が発生した場合の上司のサポート，外部との連携，事故発生に対応するための保険加入などへの取り組みが必要となる．そして，利用者のその人らしさを支えるためのケアの質と，チームケアの質が確保されて，初めてリスクマネジメントのための体制整備とリスクマネジメント実践への取り組みが可能となる．

2. 組織体制の整備に関するさまざまな課題

　ケアリスクマネジメントの前提となる組織体制の整備については，さまざまな課題が存在する．たとえば，業務を行ううえで職員の「役割分担が明確」になっているか否かという問題は，リスクマネジメントの前提となる組織体制を整えるうえでの重要な課題となる．もしも，事業所の職員が自分たちの役割分担についてなにか問題があると感じているならば，早急に対応しなければならない．職員間の役割分担の問題は，具体的な問題としては

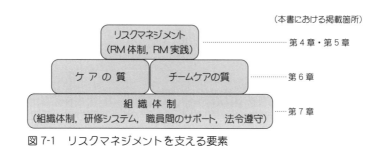

図 7-1　リスクマネジメントを支える要素

業務分掌の作成と, 全職員による業務分掌の共有としてとらえられる. 業務分掌が整備されていないのであれば, 即刻, 整備する必要がある. もしも, 業務分掌がすでに作成されているにもかかわらず問題が生じているのであれば, その業務分掌が現状に合っているかどうかを確認するとともに, 業務分掌が職員間で正確に共有され, 理解されているかという点について確認を行う必要がある.

　一般的に「職員の適正配置」の問題は施設設置基準との関係で検討が行われることが多いが, 設置基準を満たしているかどうかという点だけが問題となるわけではない. たとえば, 地域における他の事業所と比較して人員が不足しているかという問題や, 業務ごとの職員配置の効率性の問題, 特定の職員がえこひいきされているような状態, リーダーの責任と権限の問題などが「職員の適正配置」の問題と密接に関連している. これらの問題以外に, リスクマネジメント実践と密接に関係する組織体制の課題として, 研修システムのあり方, 家族や地域住民との日常的なコミュニケーション, 医療機関や役所などの外部機関との連携など, さまざまな課題が考えられる. 以下においては, これまでかかわってきた 4 県 97 事業所の状況を踏まえながら, ケア事業所におけるリスクマネジメント体制を整備していくうえでの組織体制の課題と対応のあり方について述べていくこととする.

3. ケア施設のための組織運営論

1) 組織運営についてのさまざまな考え方

　組織運営に関する文献を調べてみると, 顧客満足 (Customer Satisfaction; CS), 企業の社会的責任 (Corporate Social Responsibility; CSR), 共有価値の創造 (Creating Shared Value; CSV) など, 企業経営におけるマネジメントに関連した書籍が多くみられる. 介護サービスを提供する事業所も収入と支出を適切にコントロールしながら, 社会貢献に取り組んでいく事業体であるという点からみると, 各種のマーケティング理論を応用しながら組織運営を強化していくというアプローチは, 一定の有効性をもつと考えられる. これらの方法論が目指すところを概観してみると, 事業組織の存在意義を社会と共有しながら利益を上げ, 組織の存続と拡大を図っていくということになる. そして多くの場合, マネジメントのポイントとしては, 適切な人員配置, 関係者間の目的共有, 適切な情報処理と

いった問題が取り上げられている.

　これらの企業経営のためのマネジメント論以外にも, リスクに対応する組織論について, ワイク, サトクリフらによる高信頼性組織 (High Reliability Organization ; HRO) に関する研究 (Weick 他, 1999) がみられる. 高信頼性組織の特徴としては, ①失敗に注目する, ②解釈の単純化を避ける, ③現場の状況に敏感になる, ④事故が発生した場合回復に全力を注ぐ, ⑤専門知識を尊重する, といった組織の取り組みが協調されている. ワイクらは, 事故の発生を未然に防ぐための条件として, 問題発生が予想される事態に関する情報共有と情報の分析に基づく「認知の安定性」が重要であることを示している.

　以上にみられるようなマーケティングに関連した組織運営論は, 基本的には利益を追求する企業が採用する人事管理の中で活用されることが多く, 高信頼性組織の考え方は原子力関連施設などのハイリスクな課題を抱える事業体での効果的な応用が期待される. これに対して, ケアサービスを提供する事業所では, 組織運営のための財政基盤の整備は重視するが, 経営利益の追求を目的としているわけではない. また, 介護の現場にはさまざまな事故の危険性が潜んでいるとはいえ, 原子力発電所のような最高レベルの危機対応を求められているわけでもない. ケアサービスを提供する事業所におけるリスクマネジメントにおいても, マーケティングを基本とする組織運営論や高信頼性組織に関する理論は一定程度有効であると認められるが, ケアワークの目指す価値や, ケアワーカーの日々の実践状況とは明確な乖離がみられるように思われる.

２）ケアのための組織体制整備の課題

（1）現場からみた仕事と管理者からみた仕事の違いに注目する

　ケア施設における組織体制のあり方を検討していくうえではピラミッド型組織を目指すのか, フラットなネットワーク型組織を目指すのかといった問題や, コンプライアンスや企業責任の確保, さらには顧客満足とサービスの質の確保などの問題が多数存在する. これらの問題には, 多くの企業経営関連の書籍や, 各種の研修会の中で取り扱われている.

　本書においては, ケアサービス事業におけるリスクマネジメントのための組織づくりを考えていくうえで, とくに重要な視点として, ①ケアサービス事業所の目的設定のむずかしさと, ②ケアワークにおける現場でなされた仕事 (Work As Done ; WAD) と業務を企画運営する管理者側視点 (Work As Image ; WAI) との違いの存在という２つの問題について指摘しておきたい. 第一のケアーサービス事業所の特徴については, ケアの現場で仕事をしている職員の多くは実感していることであるが, 一般の営利企業や工場とはその目的が異なっているということが挙げられる. 問題は, この微妙な差異が必ずしも明確な基準で示されているわけではないということである. 確かに, 良質なケアサービスを提供し, 利用者満足を高めることがケアサービス事業所の目的であるということはいうまでもないことである. しかし, 良質なケアサービスを測定するための基準はあいまいで, 評価基準を明確に定義することは極めてむずかしい. たとえば, ケアサービスの質を利用者のQOL (Quality of Life ; 生活の質) の維持・向上としてとらえることができるかもしれないが,

利用者 1 人ひとりの QOL は "その人らしさ"，すなわちその人の生活歴や文化的背景と密接にかかわっているために，一意的に「こうだ」と決めつけることはできないのである．ケアサービスにおけるケアという行為は，食事や入浴の介助をするだけでなく，利用者との間でコミュニケーションを創造し続ける行為であり，長期間にわたって生活を支え続ける仕事であるという点で，他の業種における製造や販売などとは異なった目的をもった組織ということができる．ケアサービス事業所の組織体制整備を進めていくうえでは，組織の目的の中に，ヒューマンサービス，すなわち対人援助の専門職としての位置づけを明確に組み込んでおく必要があると考える．

　第二の問題である現場の最前線における＜現場の仕事（WAD）＞と業務をマネジメントする＜管理者の視点（WAI）＞の違いは，第一の問題である組織目標の設定のむずかしさと関連している．ケアサービスを提供する組織では，組織目標を設定する際の前提となる"ケアワークの意味や目的に関する理解"が職員間で十分に共有されていない場合がある．そのような理解のギャップが管理者サイドと実務者サイドの間で生じている場合，その組織は効果的に機能できなくなる．このような問題状況をホルナゲルはリスクマネジメントにおける"シャープエンド"と"ブラントエンド"の問題として提示している[1]．ホルナゲルが示している"シャープエンド"とはリスクに立ち向かう現場の最前線を意味し，"ブラントエンド"とはシャープエンドにおけるさまざまな状況に直接的または間接的にかかわり，指示を出したり強い影響を及ぼしたりする部署を指す．シャープエンドとは問題について鋭い（シャープな）感覚をもって仕事にあたっている役職や部署を指す．それに対してブラントエンドとは現場の最前線にいるわけではないため，さまざまな問題に対してブラント（鈍い，または無遠慮）な感覚をもっている部署や部門を指す．シャープエンドとブラントエンド，WAD と WAI の関係は次のように示される．

　（2）WAD（Work As Done ＝実際になされた作業）

　WAD はシャープエンドにおいて実際に行われる仕事を意味する．シャープエンドにおける職員は，多くの場合，自分自身の業務上の実践を絶えずその状況に適応させるように作業を進めることでのみ可能となると理解している．

　（3）WAI（Work AS Imagined ＝行うことが期待された作業）

　WAI はブラントエンドの立場にある人々からみた仕事であり，実際になされた仕事ではなく，なされるべき仕事として位置づけられる．WAI においては，実際の作業ではなく，「仕事はこのようであるべきだ」というイメージとしての仕事が重視される．そして，ブラントエンドの人々はシャープエンドの人々がなにを行う必要があるのかという点に常に注目している．

　ブラントエンドの立場にいる職員が，現場に存在しているさまざまな条件や困難な状況をすべて理解することはほぼ不可能である．そのため，シャープエンドに位置する現場の職員からみた場合，WAI に基づいた作業指示は使い物にならないと感じられる．このような WAD と WAI のギャップはケアの質を低下させ，かつ，リスクを増大させる可能性を秘

めている．このギャップを解消するためには，ギャップがどのような形で存在しているかという点についてアセスメントを行い，対策を講じていく必要がある．このようなギャップを埋めるためには，第一にシャープエンドとブラントエンドでは，それぞれの立場の違いにより，組織が実践している作業に対する視点が異なっているということを双方が理解し認め合う必要がある．第二に，WAI の側が WAD をより深く理解するために歩み寄ることであり，業務に関連するさまざまな要素について，ブラントエンドとシャープエンドの間で緊密な情報交換を行うことが求められる．このアプローチにおいて，組織上の権限をもっているブラントエンドの職員は WAD を実践するシャープエンドの職員が，現場の状況を正確に伝えることができるようにエンパワメントしていく必要があると考えられる．第三に，ケアワーク実践の最前線にいるケアワーカーは，自らの知識・技術・倫理を含む専門性を高めるための努力を行うとともに，シャープエンドの立場から現場において発生する問題の背景にひそむさまざまな課題を明らかにしていく必要がある．

（4）ケア事業所における不適切な組織管理論

　企業経営のための組織管理の理論的な考察は，アメリカのフレデリック・テイラーから始まった．20 世紀初頭，アメリカの工業生産が拡大する中で，明確な組織運営論がなかったため，組織管理上のさまざまな問題があらわになってきていた．そのような状況の中でテイラーは組織の活動を分析し，問題の解決を試みる中で，近代経営学の基礎を築いたとされる．

　テイラーの理論は「科学的管理法（Scientific Management）」といわれ，その内容は概ね次のように整理される．

　　①一定時間内にどれだけ作業を進めることができるかというタスク分析
　　②タスクの要求と作業者の能力との最適化を目指す作業管理
　　③職員が特定のパフォーマンスを遂行できるように，マニュアルや手順書を作成して訓練する
　　④段階的な賃金制度により，なすべきことを確実に実行させる
　　⑤職能別組織により「考える人」と「働く人」の役割を分離する

　このような考え方は「テイラー主義」とよばれ，工場における製品生産の場では一定の効果を上げることができたといわれる．しかし，最終的にはテイラー主義は，経営者と労働者の乖離を生み出し，結果としては労働生産性を低下させることが明らかになっている．実際に，テイラー主義は次のような問題を引き起こす可能性を含んでいた．

　　①タスク分析による管理は過剰なノルマの達成をつきつける
　　②タスクと作業の最適化を目指す作業管理は生産性をひたすら要求するようになる
　　③マニュアルや手順書の整備は人の入れ替えが簡単になる
　　④段階的賃金制度は公平な仕事量の基準を上げる
　　⑤職能別組織は最終的に経営者側に有利に働く

　先にみた WAD と WAI の乖離が生じる原因としてはさまざまなものが想定されるが，ホルナゲルはその理論的な背景としてテイラー主義的な管理法との関連性を指摘している．

さらに，ホルナゲルはリスクマネジメントとの関連からもテイラー主義に基づいたアプローチは有効ではないことを指摘している．

すなわち，テイラー主義では，不具合な問題が発生した場合はその要因を調べて失敗したものを見つけ出し，その失敗に対処するために詳細な指示書や訓練を組み合わせながら作業を注意深く改善することで，人間のミスを減少させ，安全性を改善することができると考える．しかし，実際に作業現場で発生するさまざまなミスやトラブルの原因はそれほど単純ではなく，さまざまな要因が複雑に絡み合っていることが多い．また，WADとWAIとが乖離したままで，問題の原因を分析しようと試みても，有効な成果を上げることができないということは明らかである．

(5) ケアサービス事業所における組織運営モデルの検討

これまで実施してきたアンケート調査やインタビュー調査から，一部のケア事業所ではテイラー主義的な組織管理論が採用され，その結果，WADとWAIの乖離が存在しているようすがうかがわれる．事業所でテイラー主義的な組織管理論が採用される主な理由は，そのアプローチがシンプルで理解しやすい点にあると思われるが，それだけではなく，ケアサービス事業所に対してテイラー主義に代わる最適な組織運営モデルが示されていないことがより大きな理由となっていると考えられる．

ケアの現場であるシャープエンドと，管理サイドであるブラントエンドが協力し合いながら，事業所の課題を乗り越えていくためにはテイラー主義的な管理手法を乗り越えるマネジメントの手法が求められている．今後，ケアサービス事業所におけるリスクマネジメントへの取り組みの効果を上げていくためには，WAIとしての業務ではなく日々のケア実践であるWADを重視する組織運営モデルを構築していく必要があると思われる．これまで，多くのケア事業所においてリスクマネジメントのための組織運営のあり方について関係職員とディスカッションを積み重ね，多くのことが明らかになっている．以下においては，リスクマネジメントに適した組織運営モデルづくりを目指すケアサービス事業所の取り組みの方向性について説明する．

4．職員の適正配置

1）職員配置に関する現状と課題

職場内の勤務体制が一定程度整った次の段階では，役割分担の明確化と責任体制の明確化が求められる．全国4県のケアサービス提供事業所の職員1,216人に対して行った事業所の責任体制の現状に関するアンケート調査への回答は，図7-2に示すとおりである．

職員の回答結果を整理すると，事業所内の「役割分担明確化のための取り組みあり」は35%，「取り組み不十分」は50%，「取り組みなし」は8%，無回答が7%であった．

ケアサービス事業所の職員に対する調査からは「職員の適正配置」に関して問題があると感じていることが明らかになっている．実際に，ケアサービス事業所のケアワーカーに

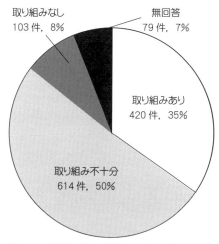

図 7-2　職員の適正配置への取り組み

職員配置の状況について聞いてみると，多くの事業所の職員から職員の数が足りないという答えが返ってくる．確かに，近年では介護職に就きたいと希望する職員は急激に減っており，職員の補充は重要かつ緊急な課題となっている．しかし，事業所職員の基準定数を満たしている場合であっても「職員が足りない」という回答がみられることを考慮すると，「職員の適正配置」に関する課題の背景には複雑な問題が絡み合っていることが推測される．職員の適正配置に問題があると感じている職員から，日常業務の状況について確認する中で，次のような複数の課題が明らかになっている．

＜職員の適正配置における課題＞

　①人員不足：事業所に必要な定数を満たしておらず，職員の絶対数が不足している可能性.

　②非効率な人員配置：職員の絶対数は充足されているが，業務ごとの人数の配分が不適切で効率が悪くなっている可能性.

　③職員間の能力差：職員の能力に大きな差があり，能力が低い職員の仕事内容が不十分であり，特定の職員に業務の負担がかかっている可能性.

　④職場内の力関係：業務を振り分ける権限のある先輩職員が楽な仕事を行い，後輩職員が大変な仕事を行わなければならないような可能性.

　⑤業務調整能力の不足：業務調整の権限を有する上位の責任者が，調整能力に欠けていたり，えこひいきしたりしている可能性.

　職員の絶対数が施設の設置基準を満たしておらず，職員定数を確保できない状態が続くようであれば事業所の存続自体が危ぶまれることになるため，事業所の運営責任者は最優先で職員を確保しなければならない．これに対して，ケアサービス事業所の職員配置が基準の枠内である場合は，その事業所の組織は②〜⑤で示すような問題を抱えている可能性がある．場合によっては，これらの問題が職員間の感情的な対立にまで発展してしまう状況も予測される．

2）職場における勤務体制のアセスメント

　職員の適正配置の問題は，基準を満たす最低限の職員数を確保すること，職員間のバランスのよい業務分担，職員配置の問題，としてとらえられる．そして，この業務分担と職員配置の問題には，非効率な業務分担，職員間の能力差，先輩と後輩の力関係，不適切な業務調整（役職・権限・責任・能力のアンバランス）などの問題が複雑に絡み合っていることが多く，人間関係のひずみや心理的な葛藤が生じている可能性も高い．こういった職員配置に関する複雑な状況に対処していくうえでは，ケアの実践現場における業務の実態を明らかにしておく必要がある．

　業務状況を確認するためのアセスメントの手法には，業務を進めるうえでの問題点について職員への個別面談による聞き取り，グループディスカッションなどの対話方式による方法と，アンケート調査や実態調査などの一定の調査に関する知識を必要とする方法とがある．個別面談による聞き取りやグループディスカッションは実施が容易であるが，内容が主観的になりがちである．それに対してアンケート調査や1〜2週間という一定の期間にわたる業務の実態調査は多くの時間と労力を要すが，客観的なデータとして提示することができるという特徴をもっている．

　どの手法を用いてケアの現場の業務状況をアセスメントするかは，それぞれの事業所の事情により決められるが，時間をかけて組織体制を見直すための取り組みを進めるのであれば，2週間程度の実態調査を実施することが効果的である．実態調査の方法は，表7-1に示すように，全職員が個人ごとに自分が実施した業務を確認し，併せて業務上の課題についても確認を行っていくというものもある．ただし，2週間にわたり個人ごとのデータを収集しても，人数が多すぎて集計がむずかしい場合は代表者が集まり，同じ様式を使って各業務に何人従事したかを確認し，併せて業務上の課題についての検討を行うことも可能である．

　このような業務実態の分析に取り組む際には，人事管理の担当者は職員に対して，この取り組みはテイラー主義的な管理強化を目指すものではなく，業務上の課題を明らかにして，よりよいケアのための組織づくりを目指すものであることをていねいに説明しておく必要がある．

3）組織体制整備の課題への計画的な取り組みの必要性

　組織体制に関する調査により得られたデータを整理し，明らかになった課題への対応策を検討し，中長期の計画に位置づけたうえで対応を行っていくことになる．課題のアセスメントの過程で職員への個別面談や，グループディスカッションなどによる問題の確認，さらにはアンケートや実態調査などの結果から，事業所における組織体制の課題を分析すると当初予想していなかったさまざまな課題が浮かび上がってくる可能性がある．それらの課題の多くは，職員間のコミュニケーションやチームワーク，より適切な情報共有や職員研修の必要性などに関係している可能性が高い．

　多くの課題は，組織体制のあり方と密接にかかわっており，組織体制整備への取り組みを進めていくうえでは避けることのできないものである．しかし，多くの問題が一度に提示さ

表 7-1　業務時間分析ツールの例

	ケアの業務内容									業務上の課題				
	コミュニケーション	清掃	排泄介助	食事準備	打合せ	入浴	レクリエーション	ナイトケア	記録	人員不足	非効率な人員配置	職員間の能力差	職場内の力関係	不適切な業務調整
6：00														
・														
・														
10：00		✓												
10：10		✓												
10：20			✓									✓		✓
10：30						✓				✓				
10：40						✓								
10：50					✓	✓								
11：00						✓								
・														
・														

れるとなにから取り組んだらよいのかわからなくなり混乱してしまう可能性がある．そのような場合，組織整備の担当者は取り組みの方向性を定めて，じっくり問題に取り組んでいく必要がある．第一には「事業所にはさまざまな課題が存在する」という事実を明らかにし，職員間で共有することが重要である．第二には課題の優先順位を決めて，「問題の解決」は時間をかけて取り組んでいく必要があるということのコンセンサスを形成することである．この時点における取り組みのポイントは，課題を全職員で共有することであり，課題への取り組みの優先順位を検討し，取り組みのための進行表を作成することである．課題が多く面倒なものが含まれる場合，進行表は 2 〜 3 年以上の期間を必要とすると考えられる．

4）役割分担と責任体制の明確化

　事業所内における役割分担と責任体制に関する職員へのアンケート調査からは，図 7-3，図 7-4 に示すような結果が得られた．事業所内の役割分担明確化のための取り組みについては，「取り組みあり」は 15％，「取り組み不十分」は 59％，「取り組みなし」は 24％，無回答は 2％であった．また，事業所における責任体制明確化への取り組みについては「取り組みあり」は 16％，「取り組み不十分」は 55％，「取り組みなし」は 27％，無回答は 2％という結果であった．この 2 つのグラフからは，ケア事業所における役割分担と責任体制の明確化については多くの課題が残されている可能性が推測される．

　事業所内の役割分担の明確化の問題と責任体制の明確化の問題は，非常に密接な関係にあることが，それぞれの回答の構成比がほぼ等しいことからも推測される．役割分担に関しては業務分掌が作成されているか，その業務分掌は業務実態に即しているのかというこ

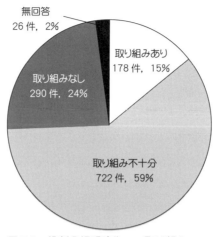

図 7-3　役割分担明確化への取り組み

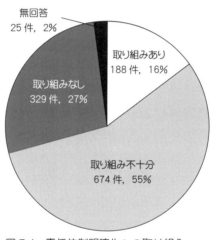

図 7-4　責任体制明確化への取り組み

とが問題となる．業務分掌は仕事の内容とリンクしていなければ意味がなく，各職種の業務内容および個々の職員に応じた役割と一致していることが求められる．したがって，事業所における役割分担と責任体制の明確化の課題への取り組みは，業務実態に即した業務分掌の作成から始める必要がある．一般に，業務分掌を作成する際には，上意下達方式で管理者がすべて決めてしまうやり方と，下からの積み上げ方式で職員の意見を集約していくやり方という2つの考え方がある．この2つの方式は，それぞれ一長一短がある．上意下達方式はブラントエンド（WAI）の視点に基づいた業務分掌になりがちで，現場の実態から乖離してしまう可能性が高い．これに対して，下からの積み上げ方式は民主的で，現場の意見を反映しているようにみえるが，実際には一部の発言力の強い職員の意見を取りまとめたものであることが多い．したがって，実質的に意味のある業務分掌を構成して

いくためには，各職種および各職位の職員が日常的に実施している業務を集計・整理・分析した結果に基づいて業務内容を定めていくという，エビデンス・ベースド・アプローチの方式を採用することが望ましい．

　開設間もない施設では，はじめに業務内容について一定程度の知識を有する責任者（施設長，部署の主担当者）が基本的な職務分掌の枠組みを作成し，それに基づいて業務を実践し，半年から1年程度の期間を経たのちに改めて業務分掌の見直しを行うのがよいと思われる．業務分掌は，一度つくったらそれを永遠に使い続けるというのではなく，定期的に見直しを行い，必要に応じて修正していくことが求められる．

5）コンプライアンスの体制

　コンプライアンスは「法令遵守」と訳される．一般的には，コンプライアンスとは「法令を守る」こととして解釈されているが，本来の意味はそれだけではなく，法律として明文化されていなくても，社会的なルールや社会的な道徳に従うというより広い意味で用いられることが多い．そのため，コンプライアンスは，関係法令の遵守や事業所の規則やマニュアルに従うことだけでなく，社会通念に基づいた道徳・倫理や職員の専門性にかかわる倫理なども関係することになる．

　組織運営に関連してコンプライアンスという考え方が協調されるようになったのは，企業が利潤の追求に走る中で法令を無視し，社会的な道徳から逸脱した経営を行う中で社会的な不祥事が頻発したことへの反省に基づくものであった．本来，経営におけるコンプライアンスの位置づけは企業統治（コーポレート・ガバナンス）の立場から，企業の社会的逸脱を防ぐということが主要な目的であったと考えられる．したがって，もしも経営レベルの継続的な反省と運営の見直しを行うことなく，現場レベルの法令遵守だけが協調されるような場合，それはすでに"コンプライアンス"とよぶことはできない．本来現場レベルの法令遵守は，事業所内の規則やマニュアルを守ること，ケアの専門職としての職業倫理を守ること，により達成されるべきものである．もしも，事業所内の規則やマニュアルを完全に守っていても法令から外れていたとすれば，それは経営者レベルの取り組みとして事業所の規則やマニュアルを適切に整備していなかったということになる．したがって，コンプライアンスを強化するための取り組みでは次のようなプロセスが必要となる．

（1）現状の確認

　組織全体で関係法令や職業倫理，社会的な道徳からの逸脱がないかを確認する．リスクマネジメントに直接関連する内容については，職員数の確保，職員の勤務体制，職務分掌やマニュアルの整備，その他法令に基づいたケアの質の確保といった項目について法令からの逸脱はないかという点についての確認が必要となる．とくにケアの質に関しては法令上の規定に従うのは当然であるが，それだけではなく，利用者や家族，社会一般の要望からの乖離がないかという点について留意しておく必要がある．

（2）問題点の整理と対応策の検討

　確認の結果，問題が明らかになった場合は問題点を整理し優先順位を決めて対処方法を

検討する必要がある．現状確認の段階でも，組織全体で取り組む必要があることを示したが，この段階ではとくに組織の管理責任者の考え方と現場の担当者の意見とを十分にすり合わせる必要がある．明らかに現場の職員の行動に問題があると判断される場合であっても，管理者からの一方的な指示による問題への対応は効果的ではない．なぜ，ケアの現場において不適切な行動がなされてきたのかという背景と原因について，現場の担当者が十分に理解できるように配慮しながら問題に対処していくことで，より根本的な問題解決の道が開ける可能性が高い．その問題に対応するためのプランニングでは，①具体的な課題，②課題への対処方法，③課題へ対処する時期（期間），④実際に課題へ対処する担当者，⑤対応に必要な環境，物品，参考資料，などを明記しておく必要がある．

（3）対応策の実践

対応策の実践は，問題対応のためのプランに基づいて行われることになるが，当初検討していなかった問題点が明らかになることや，予定していなかった問題が発生し実践の継続が困難になることが多い．そのような状況が発生した場合，当初のコンプライアンスにかかわる課題と取り組みの目的を見失うことなく，再度，対処方法を検討していくための道筋を示すことは，現場の責任ではなく，運営管理者サイドの責任である．

（4）実践の評価

どのような組織でも，同じ職員体制での勤務が続くと，互いに遠慮し合い，馴れ合いになって問題を指摘しなくなったり，必要な業務の一部を省略したりするようになる．または，逆に職員が頻繁に入れ替わるために，基本的なルールがあいまいになっている場合もある．このような状況を乗り越えていくためには，コンプライアンスの状況について定期的に自己評価を行っていく必要がある．

6）職員へのサポート体制

ケアワークにおけるリスクマネジメントでは，組織体制の整備やコンプライアンスの確保が重要であることは，これまで述べてきたとおりである．そして，基本的には組織体制整備やコンプライアンス確保の問題は，ケア事業所における組織・システムが適切かつ効果的に機能することを主要な目的としたものであった．しかしケアワークの基本は利用者とケアワーカーのコミュニケーションにあると考えられ，利用者とケアワーカーのコミュニケーションの質は，事業所全体のコミュニケーションの質と密接に関連する．このことは，職員間のコミュニケーションの質が確保されていて初めて，利用者とケアワーカーのコミュニケーションの質を確保し，ケアの質を高めることが可能となることを意味する．

コミュニケーションを重視し利用者の個性や自主的な活動を重視するケアにおいては，さまざまな予想外の出来事の中で，時としてヒヤリハットや事故が発生することがある．事故の原因にはさまざまなものがあり，職員がミスを犯す場合もあれば，利用者に問題がある場合もある．職場の管理運営体制の不備なども含めて，事故の原因を構成する要因は無数に存在する．しかし，原因がどのようなものであれ，事故に直接かかわってしまった職員がプレッシャーやストレスを感じてしまうことは避けられない．ケアワーカーがその

ような状態にあるとき，職場の上司が人員の不足，マニュアルの不備，職員研修体制の不備といった環境面の問題をいっさい無視して，事故にかかわってしまった職員個人にすべての責任を押しつけるようなことがあってはならない．リスクマネジメントを実践していくうえでは，事故が発生した場合，できる限り状況を詳細に調査し原因分析を行わなければならないが，それは「犯人捜し」のためではなく，むしろ，事故にかかわってしまった職員をサポートするために必要になることが多い．

　仮に，事故にかかわったケアワーカーに過失があった場合でも，なかった場合でも，事故にかかわってしまったこと自体がストレスの原因となってしまうことは既述したとおりである．このような場合，事業所の管理者や管理責任者は，事故の原因分析を行い，過失責任の有無を明確にすることと並行して，職員の精神的なサポートを実施する必要がある．

7）上司からのサポートの方法

　食事中の誤飲，一瞬目を離したときの転倒・骨折，薬の誤配などの事故が発生してしまった場合は，側にいた職員の行動や対応が問われることになる．しかし，このような事故発生の原因を詳細に調べてみると多くの場合で次のような問題が浮かび上がってくる．

＜事故発生の原因となるさまざまな状況＞

　　職員に対する指導や研修の不徹底／職員の業務配置の状況／職員間の情報共有／職員間のチームワークの問題／利用者自身のその日の体調や精神状況／マニュアルと実際の介護とのギャップ／その時点での職員の体調・精神状況／施設の構造，等

　これまでの事故原因に関する調査分析からは，事故の原因は1つではなく，さまざまな原因が複雑に絡み合っていることが圧倒的に多いということが知られている．そのような複雑な背景を抱える状況の中で，事故の発生にかかわった職員はどのように感じるだろうか．もしも，事故に直接かかわってしまった1人の職員に事故の原因や責任を押しつける事態が続くような場合は，職員は事故発生の可能性のある利用者に積極的にかかわらなくなるかもしれない．事故にかかわってしまった職員に対しては，過失に応じたけん責，指導，研修等が必要となるが，それだけではなく事故の状況を詳細に調べるとともに，職員に対する精神的なサポートが必要となる．

　転倒骨折などの重大な結果を伴う事故の当事者となった職員をサポートする場合は，担当の上司が1人で行うのではなく，複数の関係者が当事者職員の能力や精神状態を適切にアセスメントし，支援方針を検討し，役割分担を行う必要がある．これは，次のように，チームで実践するケアマネジメントのプロセスと同じものと考えることができる．

　　①悩んでいる職員についての状況確認

　　②悩みの原因の検討とサポートの方策検討

　　③サポートの実施とモニタリング

　　④サポートの結果の評価

　ハウスはソーシャルサポートの要素として，自己評価のサポート，情報のサポート，手段的サポート，情緒的サポートという4つの要素を挙げている．この4つの要素を，事

故にかかわった職員へのサポートに当てはめてみると，次のようになる．

①自己評価のサポート：職員が自分の能力や職場内での役割に問題があると感じている場合，現状について事実を確認しながら，自分を再評価できるように支える．

②情報のサポート：事故の原因となったさまざまな要因について客観的に理解することを支援する．また，事故の原因と関連のある介護技術やコミュニケーション技術に関連する知識や技術に関する情報を提供する．

③手段的サポート：その時点で，実際に仕事上で困っていることを確認し，必要に応じて支援を行う．この手段的サポートは，職員本人の成長を促すために行うものであることを考慮し，内容は具体的で期間や方法を明確に限定しておく必要がある．

④情緒的サポート：職員間の親密性を高めるような情緒的な側面への働きかけであり，相互に喜びや悲しみを分かち合い，共感することを目指す．

以上の4つのサポート以外にも，職員が根気よくなにかを学んだり，コミュニケーションを積み重ねながら，具体的な目標に向かって努力を継続していけるよう，モチベーションをサポートしていくことも大切である．また，ケアワーカーが事故の原因をつくってしまい，落ち込んでいるようなときは，その時点で求められている役割や有用感を支えるためのサポートが必要となる．

8）信頼関係の強化

ケアサービス事業所において，責任体制を強化し，ケアワーカー1人ひとりの職業倫理を高めていくためには，職場内のルールを確立し，ルールを守るためのインセンティブ（動機を強化するための報酬など）を強化する取り組み，および，それらの取り組みに関連する教育訓練が必要となる．しかし，介護や福祉の分野ではこのような「ルールの確立」「インセンティブ強化」「教育訓練」の手法だけでは十分な効果を上げることは困難である．ケアの質の向上を目指しながら，職員1人ひとりの責任感や職業倫理を高めていくためには，職員間の信頼関係が必要不可欠となる．信頼関係の基盤が整っていない職場で責任感の強化や職業倫理の確立を目指しても，十分な成果を上げることはできない．私たちは信頼していない相手と，真剣に責任をもって協働の仕事をすることはできないのである．したがって，介護や福祉の現場で責任体制を強化し，ケアの質の向上を図っていくためには，決められていることはしっかり守るという「ルールの確立」「インセンティブ強化」「教育訓練」に合わせて，以下のような職員同士の「信頼関係を強化」するための取り組みが必要となる．

職員同士の信頼関係を強化する前提条件としては，①共通の目標をもつこと，②共通の目標のために協働すること，③協働の結果として目にみえる成果を共有すること，および困っている職員がいたら，④お互いにサポートし合うこと，が挙げられる．この4つのプロセスの中で，とくに重要でむずかしいのは「④お互いにサポートし合うこと」である．

信頼関係強化のための相互サポート体制強化において，職場の上司（チームリーダー）は，チームが協働して取り組みを進める中で，取り残されている人や困っている人をいち早く見つけ出して，サポートの体制を作っていくことが求められる．この際，チームリーダー

は自分で困っている職員をサポートするのではなく，可能な限りチーム内のメンバー間で相互サポートができるようにアドバイスを行うことが大切である．相互サポート体制を強化する目的は単に困っている職員を助けるだけでなく，職員1人ひとりが困った状態に陥ってしまった場合，周囲の皆がサポートしてくれるという安心感と確信をもつことができるようにすることである．

5．研修体制の整備の必要性

　ケアの質を高め効果的なリスクマネジメントを実施していくための前提としては，職員の責任体制とコンプライアンスの強化，職員のサポートと信頼関係強化に取り組んでいく必要があることをこれまで述べてきた．その後，さらに一歩進めて職員の職業倫理を確立し，ケアの質を確保するための知識・技術，コミュニケーションについての理解を深めるためには，職員研修のためのシステムを強化・徹底していく必要がある．一般には研修システムの内容は大きく OJT，OFF-JT，SD という3つに分けられる．

1）OJT

　OJT は On-the-Job Training の略で「職場内訓練」または「職場内研修」と訳される．一般には，通常の業務の中で，上司や先輩の職員が，部下や新入社員に対して仕事に必要な知識や技術を教えることを意味する．OJT ではさまざまな方法が用いられ，意図的で詳細なプログラムによるものから，あまり研修を意識してない日常業務内での先輩から後輩へのアドバイスなども含まれる．いくつかの OJT の例を示す．

（1）新任職員研修

　新任職員研修は講義形式の研修と，業務に従事しながら指導を行う OJT 方式の研修とがある．講義形式の研修については後で「職場内 OFF-JT」の説明の中で改めてふれるが，ここでは新任職員の OJT について簡単に述べておく．新任職員への OJT ではマニュアルや作業手順書に基づいて，食事・入浴・排せつなどの基本的な業務について実地指導を行うことが多い．新任職員が，基本的な業務を安全かつ確実にこなすことができるようになることを目指す．

（2）プリセプターシップ

　先輩職員がプリセプターとして，一定期間新任職員に対し実務の指導と精神的なサポートを行う．新任職員は初めての職場で緊張し，戸惑い，ストレスを感じていることが多い．プリセプターとしての先輩職員は業務の指導だけではなく，メンタルなケアにもかかわることになる．この方法は「エルダー制度」や「チューター制度」とよばれることもある．

2）会議やケースカンファレンス内での指導

　職場内の委員会での話し合いや，ケースカンファレンスはそれぞれ本来の目的をもっている．委員会ではそのつど議題が設定されており，カンファレンスでは利用者ニーズの確認やニーズに対応するためのプランについて話し合いを行うが，その話し合いの内容はそのまま新任職員や経験の浅い職員に対する研修の材料として活用することが可能である．

6．課題対応型の OJT

　課題対応型 OJT はケアの現場の職員が自分たちの職場の問題点を整理して，課題を絞り込み，対応の方法をプランニングし，プランに基づいて課題解決に取り組み，最後に評価を行う．この OJT では，自分たちの職場に存在する問題に職員全員で正面から取り組み，計画的なチームワークにより問題解決を図っていくという手法をとるため，時間と労力を要すが，ケアの質向上やリスク対応の成果が期待されるだけでなく，チームワークとレジリエンス強化のためにも有効である．課題対応型 OJT をモデル化した「レジリエンス強化のための OJT」については後述する．

　OJT は職員研修として適切な方法を採用すれば非常に効果的であるが，その反面，OJT 担当職員が，目的や方法，指導すべき具体的な内容などについて十分に理解していないと，成果が期待できない．また，指導担当の優秀な先輩職員が，自身の実務が多く指導に時間をさく余裕がない場合や，指導担当職員の経験が十分でない場合は十分な成果が期待できず，そもそも OJT で教育することにメリットがなにもないという結果もありえる．これらの OJT 実践に際して予想される問題を乗り越えて研修を実施していくうえでは，以下の点に留意しておく必要がある．

　① 目的と方法の共有

　事前に，OJT の目的，方法，担当者，実施期間，等について検討し，実施計画を立案する．指導担当職員は，指導の対象となる職員の特性を踏まえて，指導するテーマと指導対象職員の到達目標を事前に設定する．OJT の実施担当者と，研修を受ける職員は実施計画をしっかり共有する．

　② OJT 担当職員の業務調整

　特定の指導担当者へ負担が偏ることがないように，事前に業務の調整を行っておく．そのためにも，全職員が OJT の目的や方法についてしっかり理解しておく必要がある．

　③ OJT 実施体制の重層化

　OJT の指導は担当者が 1 人で行ってはならない．研修担当スーパーバイザーの指導の下に行うか，またはチームで行うことが望ましい．

　④モニタリングと振り返り

　研修の担当者は一定期間ごとに実施状況のモニタリングを行い，問題があれば研修計画を修正する．事業所の管理者または OJT の統括担当職員は，OJT を「現場任せ」にせず，定期的に進行状況を確認し，必要に応じてアドバイスや指導を行う．

　⑤管理者のサポート

　事業所の管理者は，OJT の指導担当者に研修内容や研修途中のモニタリング，評価を丸投げしてはならない．管理者は OJT の具体的な目標と実施方法を把握し，進行状況をモニタリングしながら，必要に応じて担当者をサポートする必要がある．

7．OFF-JT

　OFF-JT は "Off-the-Job Training" の省略であり，「職務を離れた研修」または「職務外研修」などと訳される．OFF-JT は大別すると「職場外 OFF-JT」と「職場内 OFF-JT」の 2 つに分けられる．どちらの場合も，基本的に日常業務を離れて普段の業務実践を振り返り，改善するための知識や技術を学ぶことを目指す．

1）職場外 OFF-JT

　職場外 OFF-JT では一定の期間職場を離れて，職場外の研修会へ参加することになる．多くの研修は座学であるが，グループディスカッションやアクティビティなど演習の形式が取り入れられることもある．また，他の事業所との交換研修や外部の視察や見学なども職場外 OFF-JT に含まれる．日常の業務の中では学ぶことがむずかしい専門的な知識や技術を系統的に学習することができ，新たな視点から自分たちの仕事を見つめ直す機会となる．また，専門性意識を高めることや，適度なリフレッシュの効果を期待することができる．

　職場外 OFF-JT への職員参加は，特定の職員が一定期間，通常業務から離れることを意味し，交通費や宿泊費を考えると費用面での負担も大きい．そのため，事業所としては職場外 OFF-JT への参加に消極的になることもあるが，職場全体の課題を見直すよい機会となる．職員または職場のニーズに合った研修に参加することができれば大きな効果が期待できる．

2）職場内 OFF-JT

　職場内 OFF-JT には，職場内で行われるさまざまな研修会や勉強会が含まれる．具体的には「感染症対策」や「認知症ケアのコミュニケーション」など特定のテーマに沿った内部研修，伝達講習会，事例検討，外部講師を招いて行う研修会などを挙げることができる．OFF-JT では，日常業務の中ではおろそかになりがちな基本的知識や技術について，体系立てて学ぶ機会を得ることができる．OFF-JT のテーマは多様である．福祉の理念や制度，事業所の理念と組織体制，食事・入浴・排せつ等の基本的な介護の技術，認知症ケア，接遇，顧客満足，感染症や転倒などのリスク対応，コンプライアンス，記録の方法と活用，等のさまざまなテーマが取り上げられる．

　研修の担当者は，職場における職員全体の知識・技術，コミュニケーション能力，モラール（士気，やる気），チームワークの状況などについてアセスメントを行い，研修ニーズを明らかにしたうえで，研修のテーマを設定していくことが求められる．研修テーマの設定に際しては，図 7-5 で示すような手順を活用するとよい．

　職場内の研修会では，時として施設長や研修担当職員が講師となり講義形式の研修会を実施している場面を見かけるが，その方法では期待される効果は限定的である．それよりは，内部研修の講師として現場職員の中からやる気のある職員をあてるのが効果的である．そのほうが職員の責任感と士気を高め，現場で必要とされる知識・技術を高めることができると思われる．施設長や研修担当者の役割は，講師の役を指名された職員をエンパワメントし，研修会で取り上げるテーマと内容について十分にサポートすることである．

8．自己啓発・SDS

　SDS は Self-Development System の省略であり，「自己啓発支援システム」「自己啓発援助制度」などと訳される．SD は基本的に「自己啓発」であり，職員が職場とは関係なく自分の知識技術を高めるために取り組むことを意味するのに対して，SDS では職場が戦略的な目的から職員の個人的な SD を支援するという内容を含む．

　一般的には，SD すなわち自己啓発は，職員の個人的な好みや考えによる活動であるととらえられている．そのような側面は否定できないが，実際にチームワークについて詳細に研修してみると，チームワークを高める重要な要素の１つである「資質向上への取り組み」の中で「自主的な研修」への取り組みが重要な意味をもつことが明らかになっている．すなわち，自主的な取り組みは他の職員に対する刺激となり，さまざまな実践の幅を広げる可能性を秘めていると解されるのである．

　なお，事業者が研修参加費や資格試験受験への助成金を補助する場合，就業規則や研修規定の中で SDS へ一部負担することを明文化しておく必要がある．その理由は，研修のための費用負担が税務署からみて賃金の一部と見なされる可能性があること，逆に自主的勉強会がサービス残業と見なされることもあり得るためである．

9．研修システムの構築

1）研修システム構築の考え方

　ケアサービス事業所では，研修体制を整備する必要性は感じているが余裕のない人員体制の中で日々の業務に追われ，十分な体制整備ができていないという状況がみられる．そのような状況が生じる原因として，第一には時間がないこと，第二には適当な指導担当者がいないこと，第三には研修のためのノウハウがないこと，などが挙げられる．これらの要因は事業所内で研修が上手く進まない大きな理由となっていることは間違いない．しかし，"事業所内で研修システムが整わない"より根本的な理由に目を向けて，対応策を検討していく必要がある．

　"研修システムが整わない"より根本的な理由とは，「事業所の理念や目的に基づいた長期戦略の中に研修が明確に位置づけられていない」ということがある．事業所の理念や目的を達成するためには，どのような職員像，人材像が求められるのか．また，求められる職員像・人材像に沿った職員を育成していくためには，現在いる職員のどの部分を強化・育成・補充していけばよいのか．そのためには，どのような研修プログラムがあるのか．そして，一度の研修ですべての研修課題に対応することはむずかしいため，どのような順番で研修課題に取り組んでいくのかということも問題となる．これらの根本的な課題について十分に検討することなくしては，具体的な研修システムの構築に取りかかることはできないと考えられる．

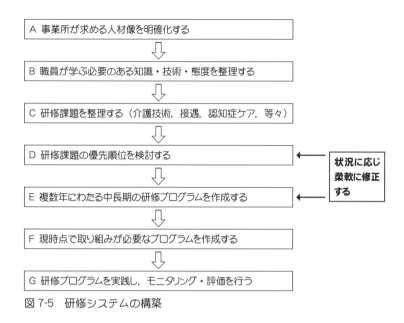

図 7-5　研修システムの構築

　ケアサービス事業所において研修システムを構築していくための重要なポイントを整理すると，図 7-5 のようになる.
　図 7-5 に示す A の求める人材像の明確化は運営法人が示している理念，施設の目的，運営方針などから導き出すことができる. B の必要な知識・技術・態度の整理は事業所の研修ニーズに関するアセスメントとしてとらえることができる. 研修ニーズのアセスメントは，①職員 1 人ひとりからの聞き取り，②「研修ニーズ」に関するグループディスカッション，③職員へのアンケート調査などによるデータ収集，④日常の業務内容に関する評価の結果分析，等によって行われる. ④については，福祉サービス第三者評価で用いられている項目などを活用することができる. C の課題の整理では，実際に研修が必要と思われる項目を集計し，分類する. D の優先順位の検討では，「問題の重要度」と「取り組みの難易度」を組み合わせて，取り組みの優先順位を検討することになる. 優先順位を決定するうえでの基本的な考え方は，重要と考えられる課題の中で，比較的容易なものから最初に取り組むということである. 次の "E" の段階では 2 ～ 3 年の中期的な研修プログラムを設定する. この中期的プログラムは，事業計画書等の中に明確に位置づけておくことが望ましい. 図 7-6 は 2 年間の職員研修プログラムのイメージを示している.
　これまで説明したプロセスで，とくに注意しておかなければならないのは "D" と "E" であり，取り組みの中では状況に応じて柔軟に修正を行っていく必要がある. 職場内研修のプログラムは，当初の予定より時間がかかることが多く，職員の入れ替えや利用者状況の変化により，研修ニーズが変化してしまうこともあるため，そのような変化に対しては柔軟に対応していく必要がある. このプロセス全体を通じて大切なことは，研修システムの構築においては，中長期的な視点が必要であること，その時点で取り組むことができる

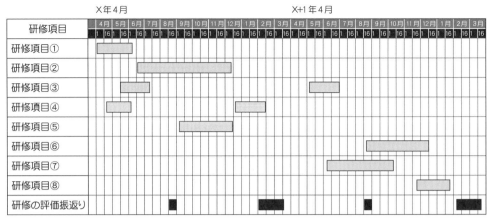

図 7-6　長期間にわたる研修テーマの設定

ことはなにかを明確にしておくことである.

　"F"の段階で,研修担当者は関係職員間で協議検討を行い,これから実際に実践するための研修プログラムを作成する.研修プログラムを作成する際には,①研修テーマ,②研修の対象者,③研修の講師,④研修の期間,⑤場所,⑥研修対象者が行う事前準備(レポートの提出等),⑦事前に準備する資料や材料などについて明確に示すことが求められる."G"では,研修プログラムを関係者に周知し,実際の職場内研修を実施することになる.このプロセスでは,事前にモニタリングの時期を決めて実施する.最後の段階で,研修終了後に振り返り・評価を行うことが必要である.

２)研修システムにおける自己評価の位置づけ

　筆者による調査研究の結果,利用者への日常のケアの質に影響を与える条件として,①管理的な運営体制,②外部からの評価,③職員自身による内部評価,という３つの要素を比較してみると,職員による内部評価が与える影響力がもっとも強いことが明らかになっている.

　図 7-7 は,山形と岩手の「介護サービス情報公表システム」に公表されたデータを共分散構造分析することにより解析したものである.「日常ケア」の構成要素を食事・入浴・排せつ等の基本的介護,感染症等の予防,余暇活動などの生きがい支援,日常生活への相談対応,としている.また,日常ケアへ影響を与える要因に関して,①管理的な運営体制(管理者等上司からの指示と規則の制定),②外部評価(福祉サービス第三者評価,行政からの指導等),③内部評価(職員自身が行った自己評価),④日常のケア(基本的な介護,保健衛生,生きがい支援,相談支援),という４つの構成概念による分析を実施した.その結果,次のようなことが明らかになっている.

・管理者による運営体制の整備や業務指示による運営体制が日常的ケアに与える影響は.39でそれほど大きくない.

・それに対して,管理者による運営体制がしっかりしている事業所では,福祉サービス第三者評価等の外部評価の実施に与える影響は.80でかなり大きくなっている.

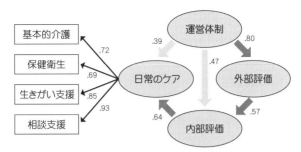

図 7-7　内部評価（自己評価）の意義

・外部評価が直接的に日常のケアに与える影響は測定されなかった.
・運営体制が職員の自己評価に与える影響は .47 で, 外部評価が内部評価に与える影響 .57 より小さい.
・運営体制からの指示よりは, 職員自身の自己評価のほうが .64 で日常のケアに与える影響力が大きい.

　この分析結果からは, 日常のケアに与える影響は, 管理者からの指示や外部からの評価よりも, 職員自身が自らの日常のケアの状況を振り返り, 自己評価するほうが大きいということがわかる. このことは, 日常ケアの質向上に取り組むためのインセンティブは上司からの指示命令よりも, 職員自身の振り返りと自己評価のほうが大きいことを意味していると考えられる. この自己評価のモデルは, 職員研修のシステムを構築する際にも応用することができる. これまでみてきた職員研修実施のプロセスA～Gの中で, Bの研修ニーズのアセスメント, Cの研修ニーズの整理, Dの研修ニーズの優先順位検討のプロセスは, 職員自らの日ごろのケアの実践状況を自己評価する機会となる. そのためこのB～Dのプロセスは一部の研修担当職員だけがかかわることは効果的ではない. 基本的には事業所内のすべてのケアワーカーがこのプロセスへかかわることにより, ケアの質向上のための研修への取り組みの成果が上がることが期待される.

10. 権利擁護と苦情対応システム

1）ケアサービス事業所の権利擁護

　日本国憲法には基本的人権として, 幸福追求権や法の下の平等に関する「包括的基本権」, 精神的・経済的・身体的自由を保障する「自由権」, 労働基本権や社会保障を受ける権利, 生存権, 教育を受ける権利, 勤労の権利, 居住の権利などを保証する「社会権」, さらには「参政権」「国務請求・受益権」「平和的生存権」などが規定されている.

　これらの権利を, そのままの法律用語でケアサービス事業所のケアの場面に適用しようとすると, 違和感を覚えることになってしまう. そのため, 基本的人権の一部を日常的なケア実践の問題に置き換えてみると, 利用者の権利を次のように言い表すことができる.

- ・自分の名誉を傷つけられず，尊厳を保持することができる
- ・サービスの選択に関する意思表明をすることができる
- ・自分の財産を奪われない
- ・苦情解決や不服を申し立てることができる
- ・自由を束縛されない（拘束されない）
- ・心身の安全を確保し安全に暮らせる（虐待されない）
- ・快適な生活を送ることができる

　ケアサービスの利用者は心身に障害を有しており，社会的にも弱い立場にあるため，自らの権利を主張することにはさまざまな困難が伴う．とくに，認知症高齢者や独居等で生活困難を抱える高齢者等は，自己選択・自己責任によるサービスの選択や利用が困難であり，権利の実現や行使についても不利な立場におかれている．そのため，ケアサービスにかかわる職員は，利用者がもっているこれらの権利を擁護するために最大限の努力が求められることになる．これらの権利を擁護していくことは，日常的に不断の努力が必要となることを意味する．主に職場内 OJT を中心とした職員研修において，権利擁護の理念や成年後見制度や虐待防止法などの制度的な仕組みを学ぶとともに，ケア実践の中で権利擁護の視点を確立していくことを心がけなければならない．

２）苦情対応システム

　ケアサービス事業所の職員が利用者の権利擁護の問題に真剣に取り組んだとしても，利用者やその家族と事業所サイドの職員とは立場が異なっており，事実に関する理解や，お互いの価値観の違い，時にはちょっとした誤解などを含めてさまざまな場面で行き違いが生じる可能性は常に残されている．

　苦情対応に関するさまざまな事例をみてみると，最初は利用者家族からの「この件はどうなっているのですか」という問い合わせから始まることが多い．次の段階では「この件は，ここがおかしいのではないか」という疑問の形式をとった問題提起が行われ，そこで利用者や家族にとって納得のいかない対応がとられると，最終的には正式な苦情・要望の形での訴えが提出されることになる．そのような正式な苦情・要望に対して事業所では，事実関係を確認しながら対応を行わなければならない．

　ケアサービス事業所における苦情対応の基本的姿勢は「苦情への対応は，権利擁護の一環として行う」ということである．正式な苦情が提出されると，事業所では「できる限り事業所の評判を落とさないようにする」「できる限り，賠償等による事業所の負担を軽くする」という方向での対応策を検討することが多いように見受けられる．

　事業所の経営の視点からみて，そのようなアプローチを全面的に否定するものではないが，ケアサービス事業所の目的や理念からは，少し異なった方向からのアプローチが可能であるように思われる．それは，本来の事業所の目的・理念である利用者の権利擁護の視点を最大限重視するということである．この「苦情への対応は，権利擁護の一環として行う」というアプローチは，一朝一夕で可能となるものではなく，普段のケアサービスの中

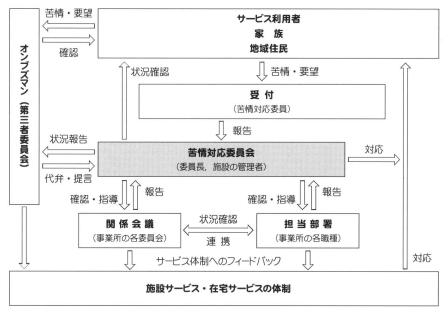

図 7-8　苦情対応システム

で常に権利擁護の視点を明らかにしておくことにより，初めて可能となるものである．

　以下においては図 7-8 により，オンブズマンの制度を活用した苦情対応のあり方について説明する．

　①苦情対応システムを構築していくうえでは，苦情対応のために外部の人間で構成する第三者委員会をつくっておく必要がある．図では「オンブズマン」と示している．

　②利用者・利用者家族・地域住民等から苦情や要望が提出された場合は，苦情担当の職員が受付を行い，苦情対応委員会へ報告する．苦情対応委員会の委員長は原則として事業所の管理者が担当する．

　③苦情対応委員会は苦情の内容を確認するとともに，介護部門，看護部門，ケアユニットなど事故発生に直接かかわった担当部署に対して，事実確認を行うように指示する．合わせて職場内の委員会の中で，リスクマネジメント，マニュアル整備，ケアの質向上など苦情や要望に関係する関係会議に対して，状況の確認と報告を求める．

　④（施設側に問題があった場合）苦情・要望を受けた担当部署では，苦情の内容と利用者への対応の事実とを比較検討し，利用者の権利侵害を含む対応が実際にあった場合は，利用者・利用者家族へ謝罪を行い，修正すべき点は修正するとともに，損害が発生していた場合は補償の実施を検討する．

　⑤（施設側に問題がなかった場合）利用者側からの苦情等が，誤解に基づくもので現実と合致していないような場合は，利用者側に対してていねいに説明を行い，了承を得る．説明しても納得してもらえない場合は，オンブズマン（第三者委員会）へ問題を提示することができること，さらには市町村の担当部署や国保連などの苦情受付窓口

を活用することができる旨を説明する必要がある．

⑥オンブズマン（第三者委員会）は，苦情対応委員会からの報告を受けるとともに，利用者・家族が希望する場合は，苦情・要望について直接聞き取りを行うこととする．また，オンブズマンは必要と思われるときは，事業所全般の状況について確認をすることができる（あくまで第三者としての状況確認）．

⑦オンブズマンは，苦情対応委員会からの報告，利用者・家族からの訴え，事業所の状況についての確認内容に基づいて，利用者・家族の代弁または，提言を行うことができる．

⑧以上のプロセスにおいては「苦情への対応は，権利擁護の一環として行う」ことを基本とする．

11．レジリエンス強化のための OJT-RC

　職員の資質向上のための研修について，これまで OJT，OFF-JT，SDS などの手法の概要について述べてきた．これらの研修方法は事業所の状況（事業所の研修ニーズ）に合わせて使い分けていくことが大切であるが，ケアサービス事業所におけるケアの質，職員の資質の全体にもっとも大きな影響を及ぼすのは OJT である．その理由は，OJT は毎日の業務の中で実践されるものであり，職員の日々の活動と直接結びついており職員に与えるインパクトが非常に大きいためである．

　OJT はその目的により「新任職員研修」「プリセプターシップ」「会議やケースカンファレンス内での指導」「課題対応型の OJT」などの手法を使い分けることができることは，すでに説明したとおりである．これらの手法の中でも，とくに「課題対応型 OJT」はケアの質を高めたり，事故の発生件数を減らしたりするという具体的な成果が期待されるだけでなく，職員間のコミュニケーションやチームワークを強化し，職員の意識を高めるために有効である．また，「課題対応型 OJT」を活用することにより，ケアサービス事業所全体のレジリエンスを強化することにもつながる．ただし，この「課題対応型 OJT」は，基本的な考え方は単純であるが，少し抽象的であり具体的なイメージがとらえにくいという問題を抱えている．そのため「課題対応型 OJT」の方法に工夫を加えて，より具体的にモデル化した「レジリエンス強化のための OJT-RC（OJT for Resilience Construction）」について説明する．OJT-RC は図 7-9 に示すとおり，課題発見の OJT，原因探索の OJT，プランニングの OJT，課題対応の OJT，成果評価の OJT という 5 つのプロセスから構成される[2]．

1）課題発見の OJT

［A：テーマ設定］

　課題発見の OJT では，ケアの現場で問題となっている課題を明らかにするため，ケアチーム全体で検討を行う．この取り組みでは"全員参加"ということがとくに重要である．特別養護老人ホームや老人保健施設などのケアサービス事業所では，職員全員が集まること自体が困難であるため，ケアの課題を集約するためにはさまざまな方法を用いる必要がある．そ

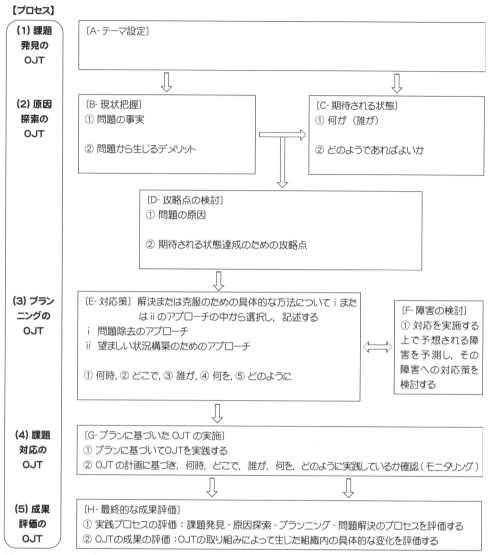

【プロセス】

(1) 課題発見の OJT

〔A- テーマ設定〕

(2) 原因探索の OJT

〔B- 現状把握〕
① 問題の事実

② 問題から生じるデメリット

〔C- 期待される状態〕
① 何が（誰が）

② どのようであればよいか

〔D- 攻略点の検討〕
① 問題の原因

② 期待される状態達成のための攻略点

(3) プランニングの OJT

〔E- 対応策〕解決または克服のための具体的な方法について i または ii のアプローチの中から選択し，記述する
i　問題除去のアプローチ
ii　望ましい状況構築のためのアプローチ

① 何時，② どこで，③ 誰が，④ 何を，⑤ どのように

〔F- 障害の検討〕
① 対応を実施する上で予想される障害を予測し，その障害への対応策を検討する

(4) 課題対応の OJT

〔G- プランに基づいた OJT の実施〕
① プランに基づいて OJT を実践する
② OJT の計画に基づき，何時，どこで，誰が，何を，どのように実践しているか確認（モニタリング）

(5) 成果評価の OJT

〔H- 最終的な成果評価〕
① 実践プロセスの評価：課題発見 - 原因探索 - プランニング - 問題解決のプロセスを評価する
② OJT の成果の評価：OJT の取り組みによって生じた組織内の具体的な変化を評価する

図 7-9　OJT-RC のプロセス

のため事前に課題発見への取り組みを行うことを周知し，どうしても当日の研修会に参加できない職員は，事前にいくつかの課題をメモ等で提出してもらうことにより，全員参加の体制を確保することが大切である．課題発見の OJT では，問題となっている事実を明確に示すとともに，その問題から，だれが，どのような不利益を生じさせているかというデメリットを明確に示すことも大切である．なお，この課題発見への取り組みに先立ち，職場の管理者やリーダーは職員に対して職場の使命や，職場が寄って立つ制度，地域環境の条件などの関連から援助サービス向上のための取り組みの必要性を示しておくことが効果的である．

　職員はケアサービスに関連して日ごろ感じているさまざまな問題や課題を思いつく限り列挙した後，その中からとくに重要と考えられるものを絞り込むための話し合いを行う．

この優先順位を決定する段階では，課題の緊急性（重要性）と取り組みの難易度が比較検討されることになる．基本的には，緊急性の高い課題の中で，比較的取り組みが容易で効果が表れやすい課題を選択することが適当であると考えられる．

２）原因探索の OJT

［B・現状把握］

この段階では初めに，課題が発生している現状を明らかにするための取り組みを行う．第一には，ケアの現場で発生している問題の事実を明らかにしたうえで，第二に，その問題から生じるデメリットを明らかにする．

［C：期待される状態］

ここでは，職員間で話し合いを行い，取り上げられている問題について，このような状態であることが望ましいという「期待される状態」を明らかにする．より具体的には，「何が」についてはたとえば勤務体制やマニュアル，職員間の情報共有の問題などを，また，「誰が」については職種や業務担当者等がどのような状態であればよいかを検討することになる．

［D：攻略点の検討］

この段階では，明らかになった問題点が発生した原因を探るとともに，本来あるべき望ましい状況を目指すためにはどのような取り組みを行うべきかという，攻略のポイントを明らかにすることを目指す．ここでも，ケアチームの関係者が全員何らかの形で参加できる体制を整えておくことが大切である．ケアの職場において，さまざまな問題が発生する原因は複雑であり，相互に絡み合っているため，原因を明らかにするために解きほぐすことは簡単ではないが，時間をかけて，ていねいに分析することにより糸口を発見することに努めなければならない．

ケアにおける事故の原因を構成する背景要因は多種多様なものが考えられる．たとえば，施設が狭い，暗いなどの職場環境，職員の知識や技術の不足，職場内の連携の不足，役割分担が不明確，実務がマニュアルどおり行われていない，家族や地域住民とのコミュニケーション不足，医療や行政などの関係機関との連携不足などが考えられる．これらの要因は相互に関連し合っているため，課題の現状と照らし合わせながら慎重に分析を行っていくことが求められる．これらの要因の中で，とくに事故の原因に大きくかかわる要因を探り当て，その要因への対応が可能で，かつ，その要因への対応の成果が期待できるかという点が重要なポイントとなる．

３）プランニングの OJT

［E：対応策］

課題に対応するためのプランニングでは，期待される状態を達成するために，具体的な計画の立案が行われる．この段階では，課題を生じさせている原因が一定程度明確になっていなければならない．そのうえで，原因を除き望ましい姿に近づくために具体的になにをすればよいかという問題について，関係する全職員で知恵を出し合うことになる．実際にプランニングを行っていくうえでは，次の2つのアプローチが可能である．

①問題除去のアプローチ

②望ましい状況構築のためのアプローチ

　ここで，「①問題除去のアプローチ」の例としては，利用者への理解の不足，チームワークの不足，職員の知識技術の不足などの具体的な問題点を乗り越えるための取り組みなどを挙げることができる．「②望ましい状況構築のためのアプローチ」では，問題を除去するアプローチに加えて，利用者とのコミュニケーションや認知症ケアの質の向上など，より望ましい状況を作り出していくことを目指す．

　このプロセスの最終段階では，提出された案の中からもっとも実行可能で効果的と考えられる計画案について「いつ」「どこで」「だれが」「なにを」「どのように」行うのかという問題を話し合い，決定する．また，プランニングのプロセスでは，あらかじめ予想される障害を特定しておくとともに，予想される障害を克服するための対策を検討しておく必要がある．この取り組みにおいてもすべての職員が参加し，障害を克服するための対応策を検討することが望まれる．スーパーバイザーとしての管理者やリーダーは，指示命令を行うのではなく，スタッフの主体性を引き出し，エンパワメントしていくことが求められる．

　[F：障害の検討]

　対応策を実行していくうえでは，さまざまな問題が発生することが考えられる．そのような問題の中で，事前に予測できるものについては，問題への対応策を検討しておくことが望ましい．予想された障害が発生した際に，次善の策を取れる体制を確保しておくことが，組織としてのレジリエンスを確保することにつながる．

４）課題対応の OJT

　[G：プランに基づいた OJT の実施]

　プランニングに続いて，課題対応のための実践への取り組みが開始される．職員は自分たちが作成した，いつ，どこで，だれが，なにを，どのように，というプランに基づいて OJT の実践を行っていくことになる．その際，職場の管理者は介護職員に使命感，達成感をもたせ，責任感をもたせるために，一定程度自由裁量の余地を与えることが望ましい．このプロセスでの管理者やリーダーの役割は，OJT が計画どおりに進行していない場合，その原因を介護職員自身が気づき，自分たち自身で問題に対処していけるようにエンパワメントすることである．場合によっては，プログラム変更をサポートする必要がある．ただし，職員による OJT の自主的な管理には責任が伴い，職員はスーパーバイザーとしての上司や管理者に対して，経過の報告責任を負うことを明らかにしておく必要がある．

５）成果評価の OJT

　[H：最終的な成果評価]

　成果評価の OJT では，それまで行ってきた OJT への取り組みのプロセスを振り返ること，実際に OJT に取り組むことにより，どのような成果を上げることができたかということについての評価を行う．一般的な総括的評価では，課題選定の方法や内容が適切であったか，課題達成プログラムの担当配置や期間設定等のプログラムが適切であったかなどが

表 7-2　OJT-RC 評価シート

項　目	自己評価	よかった点	改善すべき点
課題発見の プロセス	1 よい 2 ややよい 3 やや不良 4 問題あり		
原因探索の プロセス	1 よい 2 ややよい 3 やや不良 4 問題あり		
プランニング のプロセス	1 よい 2 ややよい 3 やや不良 4 問題あり		
課題対応の プロセス	1 よい 2 ややよい 3 やや不良 4 問題あり		
成果の評価	1 よい 2 ややよい 3 やや不良 4 問題あり	（具体的な成果）	（残された課題）

評価の対象となる．さらに，課題対応におけるプログラム展開の速度，関係者間の連携，資源の活用，上司への適切な報告等についての評価が行われる．そして，最後に取り組みの具体的な成果はなにかという成果評価が行われる．

　表 7-2 に示す「OJT-RC 評価シート」では，「課題発見のプロセス」「原因探査のプロセス」「プランニングのプロセス」「成果の評価」について振り返り評価を行う．それぞれのプロセスについて自己評価（よい，ややよい，やや不良，問題あり）するとともに，「よかった点」「改善すべき点」について検討し，記述する．成果評価では，よかった点に関しては「具体的な成果」を，改善すべき点については「残された課題」を具体的に記述することが求められる．

　これらの成果評価は，OJT-RC にかかわった介護職員全員が行うものであり，その評価結果についても全職員が共有し，さらなる課題への取り組みにおいて活用していくことになる．このような OJT-RC では，ケアワーカーが利用者への理解を深めることや，利用者の QOL の向上のための専門的な知識・技術を高めるうえで，直接的な効果が期待されるとともに，共通の目標に向けてチーム全体で取り組むことにより，チームワークや職員のモラールの向上が期待される．これまでの OJT-RC の実践からは，ケアワーカーの知識・技術・コミュニケーション力を高めるとともに，リスクマネジメントにおけるレジリエンス強化のため契機となることが期待される．

【引用・参考文献】
1) エリック・ホルナゲル（北村正春，小松原明哲監訳）：Safety-I & Safety-II；安全マネジメントの過去と未来.
　　161，海文堂出版，東京（2015）.
2) 照井孫久：人間関係とコミュニケーション. 100-147，ミネルヴァ書房，京都（2013）.

 **「腐ったリンゴ理論」を乗り越えるために!!**

　スタッフ間の信頼を強化するうえでは「腐ったリンゴ理論」には問題があることに気づくことが大切です。「腐ったリンゴ理論」は、「腐ったリンゴが他のリンゴを腐らせてしまわないように、腐ったリンゴは選別して排除しなければならない」という考え方です。確か、武田鉄矢演じる金八先生ではリンゴではなく「腐ったミカン」と言っていたと思います。

　このような排除の考え方はリンゴやミカンでは問題ないのですが、人間に適用しようとすると必ずしもうまくいきません。むしろ副次的な問題が発生する可能性すら予想されます。ここでは、組織全体の成果評価という視点から考えてみることとします。以下に示すクラスの成績の例は、腐ったリンゴ理論には欠陥があるということを、カリカチュアしたものです。

例：クラスのテストの平均点をどうしたら上げられるか。
> ある10名で構成されるクラスの成績は平均で69点でした。
75,74,73,73,73,72,71,70,40　平均（69）
> 先生はクラスの平均点を70点以上に上げるために、40点の学生をよそのクラスへ出すことを考えました。その結果予想される平均は72.6点です。
75,74,73,73,73,72,71,70　　平均（72.6）
> 残念ながら、クラス替えの作戦は失敗したため、手はかかったのですが、クラス全員で1人5点だけ点数が上がるよう、教え方を工夫してみました。その結果、クラスの平均点は74点になりました。
80,79,78,78,78,77,76,75,45　平均（74）

　この例は、排除よりも全体の取り組みを向上させる取り組みの効果が高くなることを示していますが、あくまで1つの極端なサンプルにすぎず、常に都合よく平均点が5点上がるとはかぎりません。しかし、考えてもらいたいことは、排除される生徒の身になってみる必要があるということです。同様に、失敗したら排除されるかもしれないという職員の疑心や不安は、組織体制の整備にもケアの質向上にもまったく役立ちません。ケアや福祉においては、排除を前提としたアプローチはあり得ないということ、排除ではなく協力し合うことにより成果を上げることができる可能性が常に存在することを確認しておきたいと思います。

おわりに

　高齢者ケアの現場で二十数年間勤務する中，常に大きな課題となっていたのは，ケアに関連する事故への対応の問題でした．当時の，私たちの事故対応の状況を振り返ると，概ね事故発生の後の事後的な対応に終始していたように思われます．職場の同僚と議論を重ねさまざまな対応策を検討し，実施に移すことにより，一定の成果を上げることができたとしても，それは限定的なものに留まらざるを得ませんでした．その後，いくつかの事情が重なり，ケアの現場を離れ研究・教育の道へ進むことになり，ケアのリスクマネジメントへの直接のかかわりはほとんどなくなってしまいました．

　大学で研究に取り組み始めた当初の主要なテーマは「福祉サービスの評価」であり，その中の一部にはリスクマネジメントの問題が含まれていたのですが，ウエイトはそれほど大きなものではありませんでした．しかし，福祉サービスの評価についての研究を重ねながら，ケア実践の現場からの求めに応じて，講演会や研修会へ参加する中で職員の皆さんへ「今，いちばん悩んでいることは何ですか」と問いかけると，ほとんど決まって「事故への対応の問題」という回答が続きました．そこで，自分自身がケアの現場で悩んでいた介護事故への対応の困難さを思い出しながら，リスクマネジメントの問題について改めて整理してみることにしました．

　このような経過を経て，リスクマネジメントに関する文献を読み返し，近年の研究の状況を確認するとともに，介護施設におけるリスクマネジメントへの取り組み状況について調査を行ってみる中で次のようなことが明らかになってきました．

　第一には，ケアの現場におけるリスクマネジメントの困難さはこの 20 年間ほとんど変わっていないということ．さまざまな条件が厳しくなっている分，困難な状況が増している可能性があること．

　第二には，ジェームズ・リーズン，シドニー・デーカー，エリック・ホルナゲルなどにより，世界のリスクマネジメント研究は新たな領域を切り開きつつあるということ．そして，新たな可能性の中には，レジリエンスの可能性が含まれること．

　第三には，リスクマネジメントの理論に関する新たな潮流をわが国のケアの領域に適用することにより，困難なケアのリスクマネジメントの状況を改善できる可能性が高いと考

えられたこと.

　本マニュアルは，以上の3つの視点をベースに据えて，改めてリスクマネジメントの問題点を整理することにより，これまでのやり方ではうまくいかなかったケアの現場のリスクマネジメントのあり方を改善することを目指して，構成したものです.

　本文を読んでいただければわかるように，本書の基底に流れる主張は「人は生きていく限りリスクを避けることはできないが，リスクを受け入れ，理解し，リスクに対処し，リスクから学ぶ中で私たちのリスクへの対応能力を高めることができる」ということです.併せて，リスクへの対処能力はレジリエンスとしてとらえることができるという点についても考察しています.このような観点にたどり着くことは，ただ先行文献を読むだけでは不可能であり，数多くの事業所の皆様からのご支援・ご協力により初めて，可能になったことでした.とくに，宮城県，山形県，岩手県におけるケアサービス提供事業所の皆様からは，数年にわたる共同研究や研修会の中で，多くの示唆を頂くことができました.これまで，さまざまな場面でご協力を頂きました関係者の皆様に，改めてお礼申し上げます.最後に，ソーシャルワークおよびケアマネジメントにおけるスーパビジョンに関するご教示と，折にふれて叱咤激励を頂きました野村豊子先生に心より感謝申し上げます.

　2021年6月

照 井 孫 久

● 照井　孫久（てるい　まごひさ）

特別養護老人ホーム大谷荘主任生活相談員，特別養護老人ホームさくら爽施設長として高齢者ケアの実践現場に深くかかわる.

その後，博士（社会福祉学）の学位を取得し，東北公益文科大学において准教授・教授／石巻専修大学において教授として教育研究に携わった.

現在は，主にイーハトーブ福祉研究所所長，宮城学院女子大学特命教授として活動している.

著書には内出幸美・照井孫久（編著）『暮らしを創る認知症ケアの新しい視点』(2013)，野村豊子・汲田千賀子・照井孫久（編著）『高齢者ケアにおける　スーパービジョン実践』(2019) などがある.

ケアリスクマネジメント実践ハンドブック
——レジリエンスの概念による新たな方法論——

2021 年 7 月 15 日 第 1 版

定　価　本体 2,600 円＋税
著　者　照井　孫久
発行者　吉岡　千明
発行所　株式会社ワールドプランニング
　　　　〒162-0825 東京都新宿区神楽坂 4-1-1
　　　　Tel：03-5206-7431
　　　　Fax：03-5206-7757
　　　　E-mail：world@med.email.ne.jp
　　　　http://www.worldpl.com/
　　　　振替口座 00150-7-535934
印　刷　双文社印刷株式会社